藍學堂

學習・奇趣・輕鬆讀

全球暢銷經典

Put Your Dream to the Test

10 Questions to Help You See It and Seize It

找對夢想

世界領導學大師的10大關鍵問題，
教你設定目標，再實現夢想

約翰·麥斯威爾——著
John C. Maxwell
何玉方——譯

謹將本書獻給瑪格麗特·麥斯威爾（**Margaret Maxwell**），
我的夢中情人。
我們於一九六九年六月十四日結婚，
從那天起，兩人便一起實現夢想。
我無法想像沒有她的生活。
瑪格麗特，六〇／四〇快樂！

衷心感謝

我的撰稿人查理·韋澤爾（**Charlie Wetzel**）
校對編輯原稿的史蒂芬妮·韋澤爾（**Stephanie Wetzel**）
初稿打字的蘇·考德威爾（**Sue Caldwell**）
我的助理琳達·艾格斯（**Linda Eggers**）

—推薦序—

跟著它，讓夢想指日可待

宋怡慧 丹鳳高中圖書館主任、作家

談到夢想，大家最喜歡舉賈伯斯為例，他手握夢想也發下豪語：自己活著就是要改變世界。果然，夢想就是支撐他超越自己的燃煤，不斷墊高「蘋果」的品牌奇蹟。中學時期，我曾讀過《革命前夕的摩托車日記》的故事，主角南美革命英雄切．格瓦拉（Che Guevara），他的一趟摩托車環遊之旅，鋪寫了他熱血的革命人生。這是我第一次見識到夢想的強大，它讓我知道：想要有不凡的成就，就要先找到不凡的夢想，並勇敢地埋下夢想的種子，揮汗耕之耘之，讓夢想茁壯，終能成林成蔭。

長大後，生活的磕碰，人情的冷暖，讓我們好像都忘記年少時有過瑰麗夢想的時代，這本《找對夢想》恰能喚起我們拾起夢想的純真，即便遇到挫折也不再鬆手的執著，一如華特．迪士尼說：「如果我們有勇氣追求，所有夢想都能成真。」不過，本書作者約翰．麥斯威爾可不是天

馬行空的浪漫主義者，他像一位眼中有光、心中有火的夢想教練，陪伴我們「以終為始」地擘劃一幅切實可行的夢想藍圖，不只能迅速地找到人生的定位，還請出許多夢想強者為我們提燈，燦亮我們獨一無二的夢想旅途。

作者麥斯威爾為我們深度剖析美夢成真的十大關鍵，讓我們按部就班、有條不紊地打造夢想，不再兜轉繞圈。跟隨世界領導大師攀上夢想的階梯，最終成為時代的造局者。至於，如何找到夢想？作者要我們真誠地提問自己十個問題。同時，你願意為夢想付出多少代價和努力？這本書蘊含著實踐夢想的智慧，可以幫助徘徊在夢想圈外的朋友，輕鬆走進與夢想共舞的世界，讓我們在很短的時間，讓夢想與日常生活緊密連結，找到勇於啟程與逐夢的力量，讓每個人因夢想而通往永恆的幸福。

我特別喜歡這本書的書寫形式，不只給出科學驗證式的實作渠道，也分享許多成功者的故事，激發我們的築夢熱情。例如：矽谷鋼鐵人馬斯克從不自限夢想的範疇，憑藉夢想改寫全球的汽車工業，電動車特斯拉（Tesla）成為他圓夢的代名詞。還有，擁有豐富想像力與執行力的星巴克的總裁霍華．舒茲（Howard Schultz），即便出身卑微，年少甚至窮到要偷竊才能喝上一杯好咖啡，是夢想讓他能華麗轉身，是夢想讓他蛻變成打造咖啡王國的舵手，只要對夢想不放手，就能讓夢想到手，這也證實了為夢想而努力是此生最幸福的事。

他們的卓越絕非單憑運氣，作夢的能力與圓夢的實力，更是他們贏得勝利的羽翼。約翰．

麥斯威爾為美夢成真揭開其中的奧祕，善用書中的十個思維練習，讓夢想不再只是遙不可及的空中樓閣，如何釐清何謂真正的夢想？如何透過夢想策略，提醒讀者：不斷地修練自己，無論是擬訂夢想計畫，掌握夢想的明確作法，從激發內在力量到完成檢視夢想的清單，這本書絕非熱血式的心靈雞湯，而是讓你重新定義「成功」的本質，突破舊有的框架，全然擁抱夢想，找到務實可行的方法，每天離夢想更近一點，讓你能與他人合作、和諧互動，實現彼此共好雙贏的夢想之境。

這本書是夢想實踐的強化版，它不只步驟清晰實用，也能讓讀者有機會發揮自己真正的優勢，從無數成功者實例中，無縫接軌至自己的日常生活。同時，它能挹注讀者源源不絕的熱情，發揮對夢想的想像與熱望，目標明確地往夢想彼岸奔赴，活出更精彩的人生。一如韓國天團BTS防彈少年說的：「追夢的路上，我們可能會有疑惑和困難，但是為了夢想咬牙堅持就是最耀眼的存在。」夢想讓我們活成一道光，不只照亮自己，也引領他人走出黑暗，迎向光明璀璨的人生。就讓我們跟著這本書去執行，我們的夢想將指日可待！

—推薦序—

〈我的夢想〉：不只是作文，而是值得我們持續思考的題目

蘇益賢 臨床心理師、企業講師

〈我的夢想〉

相信大家在讀國中小時，都寫過這個作文題目。從老師、消防員到總統，再從廚師、飛行員到電影導演……你還記得自己小時候寫了什麼夢想嗎？如果有機會拿到那篇你小時候寫的作文，用現在長大的角度再讀一次，你會有什麼感覺呢？

也許，我們會莞爾一笑，覺得小時候的自己太乖了。或者反過來，覺得小時候的自己怎麼「那麼敢做夢」？居然寫下了當總統、發明出拯救世人的藥物、成為太空人上火星……這些大夢來當作夢想。

長大後，經歷了求學階段與社會職場洗禮，不少人早已逐漸淡忘夢想二字。畢竟，忙於維持每天生活日常、在工作與生活的失衡中不斷提醒自己保持平衡……滿到寫不上新行程的行事

曆中，早已塞不下夢想或理想存在的空間。有些大人在聽到「夢想」二字時，還會覺得好笑，心中想著：「都幾歲了，還在『懷抱夢想』？」

「夢想」是個不錯的投射測驗。在這一道開放題中，允許我們各自對它賦予不同的詮釋。同時，也會因為不同人生階段，讓我們再次改寫對它的定義。不管怎樣，有緣讀到這篇文章的讀者，不妨在此先停下來想想：現在這個階段的我，是如何理解夢想二字的？在我們選擇擁抱夢想，或把夢想束之高閣的背後，反應出自己最近怎樣的狀態？

在諮商室裡，我時常和個案談論夢想。不管是夢想的內容，或者是個案對於夢想能否達成的判斷歷程。夢想的內容往往能間接反映出一個人渴望的內在嚮往。好比「中樂透」這個夢想，背後可能透露出一個人對於某些價值的在意，不管是財務安全感、希望能有足夠餘裕提供家人好的生活、孝順父母等。又或者，當一個人放棄「成為具有領導力的好主管」這個夢想時，背後是如何形成這個判斷的，也往往能替諮商帶來豐富的討論素材。

作者在書中將抽象的「夢想」拆解成十個命題，邀請讀者依循這十個命題替夢想做檢測。仔細一看，這是個同時兼具感性與理性的思考引導。針對理性，作者帶著你自我分析：

- 我是否清楚看見自己的夢想？（清晰問題）
- 我能靠自己可控的條件實現夢想嗎？（現實問題）
- 我是否有實現夢想的策略？（途徑問題）

- 我有實現夢想需要的人員嗎？（人員問題）
- 我願意為夢想付出代價嗎？（代價問題）
同時，作者也感性地邀請你捫心自問：
- 這真的是我自己的夢想嗎？（歸屬問題）
- 我的夢想是否使我非去實現不可？（熱情問題）
- 我距離夢想越來越近了嗎？（毅力問題）
- 為夢想努力是否帶來滿足感？（滿足問題）
- 我的夢想能否造福他人？（意義問題）
還有夢的你，可以用這個架構檢視那些仍在手上的夢想。或者，慢慢回憶起某些已被捨棄的夢想，理解它們當時被放棄的原因，並思考透過調整，再次重拾那些夢想的可能。閱讀本書的過程，就像是你寫完作文〈我的夢想〉之後，老師找你過去，和你暢談你寫的這篇文章——帶著好奇、帶著鼓勵與挑戰，並提供你一些支持和信心。

本書原文版上市已超過十多年，雖然多年過去了，書中架構仍有一定的參考價值。近年我常在企業或公部門針對〈目標心理學〉議題進行分享，課後多半會推薦聽眾一些參考書目，現在我的推薦書單又多了一本。

不管你現在幾歲、不管你現在是否已開始實踐你的夢想，讀讀這本書永遠不嫌晚。

找對夢想［全球暢銷經典］

目錄

—前言—

你的夢想是什麼

你的夢想是什麼？你這輩子會實現它嗎？我相信你渴望讓夢想成真，我也確信你希望自己能辦到，但是你會實際去執行嗎？你覺得自己有多少成功機會？五分之一嗎？還是百分之一、百萬分之一呢？你怎麼知道自己夢想成真的機會有多大，還是終究只是一場夢？你是否願意檢驗自己的夢想呢？

大多數我認識的人都有夢想。事實上，我問過無數人關於他們的夢想，有些人很樂意詳細地說明，有些人則不太願意多談，好像不好意思大聲說出口。這些人從未檢視過自己的夢想，不知道是否會被別人嘲笑，目標是不是設定得太高或太低，也沒把握自己的夢想是否能成真，還是注定會失敗。

他們不知道該如何實現自己的夢想，只是隱約覺得總有一天將有所作為或成為大人物，但卻毫無頭緒該如何達成目標。如果你正是這樣的人，那麼你會很高興從本書看到了希望，我也深信這本書會對你有幫助。

你還記得小時候在學校，老師的考前複習都會說「要注意，這題會考」這一類的話嗎？我記得很清楚，那些希望學生成功的好老師經常會這麼說，他們希望學生做好準備，以便考出好成績。他們讓我們參加測驗，也協助我們成功。

我希望我也能像那些鼓勵學生的老師一樣，能夠幫助你做好準備，讓你有機會得以實現自己的夢想。

該怎麼做到這點呢？我相信，如果你知道該問自己哪些問題，也能肯定地回答這些問題，就會有很大的機會實現你的夢想。你能夠正面回答的問題越多，成功的可能性就越大！這就是我撰寫本書的目的。

正確與錯誤的夢想畫面

我研究成功人士將近半世紀，認識數以百計實現了偉大夢想的知名人士，而我本人也實現了幾個夢想，我發現許多人對於夢想有一些誤解。讓我們來檢視人們在生活中追求並稱之為夢想的事情：

- 白日夢——讓當前的工作分心
- 不切實際的空想——沒有策略或現實基礎的狂妄想法
- 噩夢——造成恐懼和無能為力的憂慮
- 理想化的夢想——一切由你主導的理想世界狀態
- 替身夢想——寄託在他人身上的夢想
- 浪漫夢想——相信某個人會讓你快樂
- 事業夢想——相信事業成功會讓你快樂
- 成就夢想——相信某個職位、頭銜或獎項會讓你快樂
- 物質夢想——相信財富或資產會讓你快樂

如果這些都不是值得人一生去追求的好夢想，那麼什麼才是？

我認為經得起考驗的好夢想定義是這樣的：**夢想是一幅能鼓舞人心的未來景象，好激發你的思想、意志和情感**。值得追求的夢想是個人使命和潛力的寫照和藍圖，或是如我朋友雪倫·霍爾（Sharon Hull）所說：「夢想是在人類靈魂深處播下可能性的種子，呼喚著人們去追求實現使命的獨特道路。」

為什麼會漸漸失去夢想？

夢想是寶貴的資產，推動我們向前，給予我們能量，使我們充滿熱情。每個人應該都擁有夢想，但如果你不確定自己想追求什麼夢想怎麼辦？讓我們面對現實吧，很多人並沒有被鼓勵要勇於作夢，有些人可能有夢想，但失去了希望，只好將夢想擱置一邊。

我想告訴你一個好消息，你可以找到或重新抓住自己的夢想，而且這些夢想都是偉大的。並不是重大的夢想才值得追求，夢想只需要超越自己即可，正如女演員喬西．畢塞特（Josie Bisset）所言：「**夢想的格局總是遠大，好讓我們不斷成長。**」

如果你已經放棄了希望，忘卻了夢想，或從未找到你認為值得追求和努力的目標，了解有些人難以立定個人夢想的五個最常見原因，可能對你有所幫助：

一、有些人被其他人潑冷水而放棄

許多人的夢想被徹底擊垮了！這個世界充滿了摧毀夢想和扼殺創意的人，有些人自己不去逐夢，也見不得別人有夢，別人的成功讓他們感到自卑或不安。

商學院教授蓋瑞．哈默爾（Gary Hamel）和普哈拉（C. K. Prahalad）發表過關於一群猴子的實驗報告。四隻猴子被放在一個房間裡，中央有一根高柱子，柱子頂部掛著一串香蕉，其中一隻飢餓的猴子開始爬上柱子想要取得食物，但就在猴子伸手要去摘香蕉的時候被潑了一身冷水，便尖叫著急忙滑下柱子，放棄嘗試餵飽自己。每一隻猴子都採取了類似的行動，每一隻都被冷水淋得全身濕透，經過幾次嘗試後，猴子們最終放棄了。

然後，研究人員將其中一隻猴子移出房間，換進來一隻新的猴子。當新來的猴子開始爬上柱子時，另外三隻都會抓住牠拉回地面。經過幾次試圖爬上柱子又被拉下來之後，新猴子最終放棄，再也不試著爬上柱子了。

研究人員逐一用新猴子替換原來的猴子，每次進來的新猴子在爬到香蕉之前，都會被其他的猴子拉下來。最終，房間裡只剩下那些未曾過被冷水淋濕的猴子，但沒有任何一隻猴子願意爬上柱子了。牠們阻止彼此爬上柱子，卻都不知道為什麼。[1]

也許在生活中有人曾經阻撓過你，使你對夢想心灰意冷，也許他們是嫉妒你想要追求夢想或達成生命重要成就，或是可能想要保護你免於痛苦或失望。無論如何，如果你曾經因別人的阻撓而停止夢想，請鼓起勇氣，重新開始追求夢想永遠不會太遲。

二、有些人因過去的失望和傷害而遲疑

失望是期望和現實之間的落差引起的。每個人都曾遇到這種落差，都有過意料之外的負面經驗，必須忍受未能滿足的欲望，看著自己的希望破滅。

失望對我們的打擊很大，小說家馬克．吐溫曾觀察到：「我們應該謹慎地從經驗中汲取其中的智慧，然後就此打住。以免變得像那隻坐過熱爐蓋上的貓一樣，從此不敢再坐在熱爐蓋上——這很好，但牠也不再坐在冷爐蓋上了。」[2]

你不覺得這是真的嗎？每當事情出錯時，我們會說：「我再也不這麼做了！」這樣是不對的，尤其是攸關我們的夢想時！失敗是成功必須付出的代價，有些人必須一再面對失敗，才能在追求夢想的過程中前進。英國前首相柴契爾夫人曾說：「你可能必須不斷戰鬥才能贏得一場勝利。」我們要牢記這一點，免得太快放棄奮鬥。

三、有些人安於庸庸碌碌而不求更進一步

專欄作家莫琳．多德（Maureen Dowd）表示：「一旦你願意將就，得到的只會更差。」夢想要求一個人要努力突破、超越平凡，你不可能在追求夢想的同時，又安於平庸，這兩者是不相容的。

當我們缺乏夢想的動力、滿足於現狀時，會傾向將之歸咎於他人、環境或體制，但事實上，庸庸碌碌始終是個人的選擇。PAIDEIA公司的董事長兼執行長，以及曾在紐約石溪中學擔任湯瑪斯．史丹利基金會（Thomas F. Staley Foundation）駐校研究學者的布魯斯．洛克比（D. Bruce Lockerbie）寫道：

庸庸碌碌基本上不是國家的問題、不是公司或機構的問題、也不是部門的問題，而是個人的問題。美國的教育體系並不是一個統一的整體，而是有數百萬學生由數百萬名教師教導、數百萬名行政人員協助，以及數百萬名製造商、編輯和供應商提供各種學習資源，這一切耗資數十億美元！美國教育的各個層面都有相關人員參與其中，因此教育體系並不馬虎，但當中一些負責決策和分配資源的人，可能不夠認真履行職責。學校也不會敷衍了事，但當中有一些人，包括行政人員、教師或學生，對於管理、教學或學習也可能不夠投入。你看，庸庸碌碌主要是個人特質，是一個人降低期望、不盡全力的結果，一種個人的懈怠屈服，好像在說：「我覺得差不多就可以了。」不久，庸庸碌碌就會在政治體制中擴散，使國家處於危險之中。但永遠記住，英文庸庸碌碌一字（mediocrity）始於我自己（me）！[3]

那些沒有夢想的人很有可能會虛度光陰，生活變得索然無味，人也變得平淡無奇。作家肯尼斯・希爾德布蘭德（Kenneth Hildebrand）表達了這種人生的負面影響，他解釋道：

世上最貧窮的人不是身無分文的人，而是沒有夢想的人。這種人就像一艘適合浩瀚海洋的大船，卻只在小水塘中航行，沒有遙遠的港口可去，沒有無垠的地平線，沒有寶貴的貨物要運載，時間都被日常工作和例行瑣事吞噬，難怪最終感到不滿、易怒，和「受夠了」。

人生最大的悲劇之一，就是擁有巨大空間卻只裝進極小的心靈的人。[4]

如果你覺得人生比你期望的還要平庸，那麼你需要更多的夢想，沒有什麼比一個有價值的夢想更能幫助人擺脫單調日常了。

四、有些人缺乏追求夢想需要的自信

談論夢想需要信心，而追求夢想需要更多的信心。有時候，勇於追求夢想的人與那些不敢嘗試的人之間的差別就是自信。凱倫．格雷諾－馬爾許（Karen Greno-Malsch）在威斯康辛大學的研究發現，自信對於成功至關重要。在一項針對兒童的研究中，她發現自信心較低的孩子與他人協商的意願降低了百分之三十七，使用的談判策略也少了百分之十一。她還發現，兒童的自信心越強，越願意承擔較長時間談判的風險，適應力也越強。換句話說，你對自己越有信心，就越不可能放棄追求你想要的。[5]

夢想是脆弱的，尤其是在你的想法才剛萌芽時、得不到親人和尊敬的人的認同時、缺乏過去成功的紀錄來增強信心時，最容易受到打擊。但合乎現實的自信對於追求夢想必不可少。該如何建立這種自信呢？就要透過自我認識。

管理顧問茱迪斯．巴威克（Judith Bardwick）認為：「真正的自信來自於充分了解和接受自己，不論優勢或短處，而不是依賴外界的肯定。」正因如此，我相信這本書對你必有幫助，正面回答關於夢想的問題將使你更有信心去追逐夢想。

五、有些人缺乏夢想的想像力

人們如何探索自己的夢想呢？透過做夢！這聽起來可能過於簡單，但這正是夢想的起點，**想像力是孕育夢想生命力的土壤**。諾貝爾獎得主、物理學家愛因斯坦是思想家也是夢想家，他了解想像力的價值，他說：「我在檢視我自己和我的思維模式時，得出的結論是，幻想的天賦對我來說比吸收正面知識的才能更重要。」愛因斯坦稱自己的想像力為「神聖的好奇心」（holy curiosity）。

如果你的出身背景令人喪志，或是不認為自己特別富有想像力，不要失去希望，你還是可以發掘或培養夢想，上帝賦予每個人這種能力，如果你了解或觀察過兒童，你就會知道這是真的，每個孩子都有夢想，都擁有想像力。我有五個孫子孫女，每當我和他們在一起時，都能看到他們發揮生動的想像力，將他們帶離現實世界，進入自己創造的世界中。

你同樣可以。我的作家朋友馬克斯・盧卡多（Max Lucado）對於人的潛能說得很清楚：「你不是意外的產物，也不是大規模生產或裝配線上的產品，而是由造物主精心計畫、賦予特殊才能、以愛與關懷安排於地球上。」[6]此外，有些人甚至認為，你的背景越是平凡，夢想潛力就越大。企業家霍華．舒茲（Howard Schultz）的出身非常卑微，但他利用自己豐富的想像力，孕育了星巴克的構想，舒茲說：

我注意到浪漫主義者試圖在平凡的日常生活中創造出一個新的、更美好的世界，星巴克的目標也是如此，我們想要在咖啡店裡打造一個綠洲，你可以在這個小小的社區一角暫時逃離現實，聆聽一些爵士樂，或是在享受咖啡的同時思考一些宇宙的、個人的，甚至是異想天開的問題。

是誰設想出這樣的地方呢？

從我個人的經驗來看，我敢說出身背景越是平凡的人，越有可能發揮想像力，創造一個世界，這個世界裡凡事似乎都有可能實現。

這點對我來說確實如此。[7]

我相信上帝希望我們去夢想，而且要有大膽的夢想，因為祂是偉大的上帝，想要成就偉大的事，而祂希望透過我們來實現這些事。我的朋友牧師戴爾．特納（Dale Turner）強調：「夢想可以不斷更新，無論我們的年齡或條件，我們內心仍然蘊藏著未開發的潛力，而新的美好正等待發掘。」夢想永遠不會太遲。

你準備好檢驗你的夢想了嗎？

你也許會對自己說，好吧，我有一個夢想，也值得去追求，現在該怎麼辦呢？怎麼知道夢想成真的機會多大呢？這就引出了本書要探討的問題，共十章各探討一個問題。如下：

一、歸屬問題：這真的是我自己的夢想嗎？
二、清晰問題：我是否清楚看見自己的夢想？
三、現實問題：我能靠自己可控的條件實現夢想嗎？
四、熱情問題：我的夢想是否使我非去實現不可？
五、途徑問題：我是否有實現夢想的策略？
六、人員問題：我有實現夢想需要的人員嗎？
七、代價問題：我願意為夢想付出代價嗎？
八、毅力問題：我距離夢想越來越近了嗎？
九、滿足問題：為夢想努力是否帶來滿足感？
十、意義問題：我的夢想能否造福他人？

我相信，如果你認真探索每個問題，誠實地檢視自己，所有問題都有肯定的回答，實現夢想的機會就很大。有越多肯定的答案，你實現夢想的目標也就越明確。我深信每個人都有潛力構思有價值的夢想，大多數人也都有實現夢想的能力。只要你對夢想檢驗問題的答案都是肯定的，不管你的夢想在他人看來有多大膽或多麼不可思議，都無所謂。

演說家兼喜劇作家羅伯特．奧本（Robert Orben）曾說過：「不要忘了，這個世界上只有兩種人：務實者和夢想家。**務實者知道他們要去哪裡，而夢想家早已在那裡了。**」如果你是一位心中有夢的夢想家，那麼下一步就是檢視你的夢想，目的是幫助你評估你目前為實現夢想做了多少準備。我強烈建議你在繼續閱讀本書之前先完成這個檢驗。在真正踏上實現夢想的旅程之前，越早進行夢想檢驗和準備工作，就越有可能讓自己的夢想成真。

夢想檢驗

為了幫助你評估自己的夢想，我設計了這個夢想檢驗，請針對每個問題中的三個陳述分別回答「是」或「否」。完成後，邀請三位很了解你的人幫助你評估自己。如果你還沒有告訴他們你的夢想，現在就可以說，然後請他們根據你的情況回答這些問題，並給你一個總體評分，從1（不可能）到10（絕對可以），衡量你實現夢想的可能性。

一、歸屬問題：這真的是我自己的夢想嗎？

A 如果實現了我的夢想，我將會是世界上最快樂的人。

B 我已經向別人公開分享了我的夢想，包括我愛的人。

C 別人對我的夢想有所質疑，但我仍然堅信不移。

二、清晰問題：我是否清楚看見自己的夢想？

A 我可以用簡單的一句話說明我的夢想主旨。

B 我幾乎可以回答任何與我夢想內容有關的問題（雖然還不一定知道如何實現）。

C 我已經寫下了一個清晰的描述，包括夢想的主要特點或目標。

三、現實問題：我能靠自己可控的條件實現夢想嗎？

A 我知道自己最大的長處是什麼，而我的夢想主要依賴這些長處。

B 我目前的生活習慣和日常行為對於未來實踐個人夢想有很大的幫助。

C 即使我的運氣不佳、重要的人物忽視或反對我、或遇到嚴重的阻礙，我的夢想仍然有機會實現。

四、熱情問題：我的夢想是否使我非去實現不可？

A 我願意做任何事，只為了實現我的夢想。

B 我每天不管是入睡或醒來，時時刻刻都懷抱著我的夢想。

C 這個夢想對我來說一直非常重要，至少持續一年以上了。

五、途徑問題：我是否有實現夢想的策略？

A 我已經制定了一份如何實現夢想的書面計畫。

B 我已經與三位我尊重的人分享了我的計畫，獲得他們的反饋意見。

C 為了將計畫付諸實踐，我已經大幅調整我的優先事項和工作習慣。

六、人員問題：我有實現夢想需要的人員嗎？

A 我的身邊都是那些能夠激勵我、對我的優缺點坦誠相告的人。

B 我已經找到與我能力互補的人來幫助我實現夢想。

C 我已將夢想願景傳遞給其他人，共同擁有這個夢想。

七、代價問題：我願意為夢想付出代價嗎？

A 我可以列舉出我為了實現夢想已經實際付出的代價。

B 我已經考慮過為了實現夢想我願意付出什麼代價。

C 我不會為了逐夢而犧牲我的價值觀、危害健康或破壞家庭。

八、毅力問題：我距離夢想越來越近了嗎？

A 我可以確定我在追求夢想的過程中已經克服的障礙。

B 我每天都會付出一些努力，哪怕是微不足道的小事，以朝著我的夢想前進。

C 為了成就我的夢想，不管再怎麼困難，我都願意追求成長和改變。

九、滿足問題：為夢想努力是否帶來滿足感？

A 我願意為了實現夢想而放棄我的理想主義。

B 我願意努力數年甚至數十年，以實現我的夢想，因為這對我來說非常重要。

C 我非常享受追求夢想的過程，即使失敗了，我也覺得這一切很值得。

十、意義問題：我的夢想能否造福他人？

A 如果我的夢想得以實現，我能夠列出除了我自己以外，能從中受益的人。

B 我正努力組建一個志同道合的團隊來實現夢想。

C 我為了實現夢想所做的事，在五年、二十年甚至一百年後仍有重要意義。

如果每一個陳述你的答案都是肯定的，那麼你實現夢想的機會就非常大。如果你在某個問題下有一或多個回答是否定的，就需要檢視自己對該問題的立場是否夠坦誠。花點時間反思，並完成各問題章節末尾的自我檢視單。

你也應該與為你評估這些問題的三位人士談一談，他們的答案是否和你的相符？如果不相符，請他們提供觀察意見，同時檢視他們對你的整體評分。如果他們給你的分數低於十分，問：「我需要怎麼做才能達到十分呢？」仔細傾聽、做筆記、提出澄清問題，但不要為自己辯解。在聽取他們的答案時，尋找模式，牢記管理顧問傑克．羅森布拉姆（Jack Rosenblum）的話：「如果有一個人告訴你你是一匹馬，這個人可能是瘋了。如果有三個人說你是一匹馬，其中可能有什麼陰謀。如果有十個人都說你是一匹馬，那麼該是時候準備馬鞍了。」

01
歸屬問題
這真的是我自己的夢想嗎？

無論你在想什麼，確信那是你的想法；
無論你想要什麼，確信那是你想要的；
無論你的感受是什麼，確信那是你自己的感受。
——詩人艾略特（T. S. Eliot）

阿諾的父親希望他成為一名警察，畢竟，他父親曾是他長大的小鎮裡的警察局長。他的母親則有其他想法，看到他在學校對學科沒有太多興趣或天賦，因此希望他學習一門實用的手藝，認為他應該成為一名木匠。阿諾高中時順應母親的要求參加木工學徒計畫，但他內心並不熱衷於此。

這是誰的夢想？

許多年輕人在成長過程中都可能有過這類經驗，他們不知道自己擅長什麼，也不確定想做什麼，因此，會聽從父母或朋友的建議，開始朝別人的願望和夢想的方向前進，不一定是自己真心想要。這一點不足為奇，孩子都是先透過父母和其他榜樣的眼光看待自己的，沒有其他參考指標。諮詢專家塞西爾．奧斯本（Cecil G. Osborne）在《自我探索的藝術》（*The Art of Understanding Yourself*，暫譯）書中觀察到：「年幼的孩子還沒有清晰的自我形象，只能透過父母對他的評價來認識自己。如果一個孩子一再被告知是個壞小孩、懶惰、一無是處、愚蠢、害羞或笨拙，這孩子往往會表現出父母或其他權威人士賦予他的形象。」[1] 許多年輕人與真正的自己漸漸脫節，他們不知道自己是誰，也不清楚真正想追求什麼，只好採納了別人心中的夢想和願望，這麼做或許是為了得到他人認可，也或許是不知道自己還能做什麼。

有多少人是因為父母的期望而進入法學院？有多少人為了讓母親高興而結婚？有多少人選擇了一份「正當職業」，而不是追求電影或戲劇事業？每次只要看到有人中年轉行，你幾乎可以確定他們過去一直活在別人的夢想中，而迷失了自己的方向。雖然這種轉變可能帶來重大混亂，但他們比那些從未追求過自己夢想的人更幸運。

即使是給予鼓勵、正能量、出於善意的父母，也可能會將子女帶到錯誤的方向。我了解這一點，因為我七歲的時候，就曾經歷過類似的情況。我的父母深信我有音樂天賦，便買了一架鋼琴，為我報名鋼琴課。幾年來我樂於學習和練琴，雖然我對此並沒有太大的熱情，但我還是繼續彈奏，只因為這能讓我父母開心。

我升上五年級時，父母決定擴展我的音樂視野，買了一把小號給我，老師告訴他們我的嘴形不適合這個樂器，因此他們讓我轉而學習單簧管。我家鄉俄亥俄州的瑟克爾維爾（Circleville）

曾經出過一位著名的單簧管演奏家，名叫泰德．路易斯（Ted Lewis），所以朋友們開始說：「也許你會成為下一位泰德．路易斯！」

不太可能。我甚至沒有足夠的才華能在小學樂隊中擔任首席，我是最後一名的單簧管手！

我在那個年紀真的很想打籃球。當我終於坐下來告訴父母我想放棄音樂去打球時，我還記得當時感受到的壓力和沉重心情，我也記得當他們放棄要我成為偉大音樂家的夢想時，我的興奮之情。我雀躍地將我的單簧管永遠塵封，換上了籃球。

阿諾自己的夢想

阿諾不確定自己想做什麼，只知道他不想成為執法人員或木匠，並不是因為他沒有努力去追尋自己的夢想，他其實充滿雄心壯志。他唯一確信的事情是，不管選擇什麼領域，他都想成為世界上最頂尖的人。他熱愛體育，但一直到十幾歲都還沒找到合適的運動項目，他嘗試過很多種類的運動，包括冰壺、拳擊、跑步，以及標槍、鉛球等。他足球踢了五年，但對此並沒有強烈的熱情。後來有一天，他的足球教練要求隊員每週進行一次重量訓練以改善體能，從那時起，他的夢想才開始具體成形。

「我還記得第一次參觀健身房的那一刻，」他回憶道，「我以前從沒看過別人舉重，那些人……看起來很強壯，像大力士一樣。忽然間，我眼前出現了我人生中一直在追尋的答案，一切豁然開朗，我似乎找到了，就好像是我一直走在一座吊橋上，終於踏上了穩定的地面。」[2]

十四歲的時候，阿諾．史瓦辛格在健身房找到了他的熱情。他的夢想在幾個月後成真，當時他在商店櫥窗上看到了一本雜誌，封面人物是在一部電影中扮演大力士角色的健美選手。阿諾回憶起接下來發生的事：

> 我掏出身上僅剩的錢買了那本雜誌。後來發現那位大力士原來是個英國人，名叫雷格．帕克（Reg Park），曾經贏得環球健美先生（Mr. Universe）頭銜，然後進軍電影界，賺了錢之後建立一個健身房帝國。太好了！我找到我的榜樣了！如果他能做到，我也能！我會贏得環球健美先生名號，成為一名電影明星，我會變有錢。一、二、三，乒乓砰完成！我找到了我的熱情，實現了我的目標。[3]

不是每個人都能理解阿諾的夢想，尤其是他的父母或與他一起長大的朋友們。他的父親希望這只是一個過渡期。

「那麼，阿諾，你以後想做什麼？」他會問。

「爸，我想成為一名職業健美選手，這是我想要的人生。」阿諾解釋。

「我看得出來你很認真，但是你打算要怎麼實現呢？」[4]

沒有人能夠理解阿諾的選擇、他的執著，和他的憧憬。

「我可能選擇了一項不太受歡迎的運動，」阿諾說，「我的同學們覺得我瘋了。但是我並不在乎……我已經找到了我想要全心投入的事，沒人能阻止我。我的動力非比尋常，我和朋友的看法不同，我對成功的渴望比我認識的任何人都更強烈。」[5]這就是一股不可思議的夢想力量。夢想能激發你擘畫未來景象，鼓舞你的思想、意志和情緒，讓你有動力去竭盡全力達成目標。

阿諾一找到自己的夢想，就毫不妥協地追求，他每週六天、每次數小時進行鍛鍊，努力成為世界上最強壯的男人。他十八歲在奧地利軍隊服役期間，贏得了少年歐洲先生（Junior Mr. Europe）的頭銜，這是他第一場重要比賽，隔年又贏得歐洲先生（Mr. Europe）。他搬到慕尼黑繼續努力，獲得當地一家健身房的部分所有權。一九六七年，他在倫敦取得業餘組環球健美先生的榮譽，當時他才二十歲，他的勝利讓所有人都感到驚訝。他打電話告訴父母他的成就時，他們的反應並不熱烈。

阿諾說：「如果是透過奧地利格拉茨（Graz）當地的報紙，報導我剛完成了大學學位，對他們來說可能會更有價值。我心裡多少有點在乎他們不理解我，總覺得他們至少應該明白這對我有重大意義，他們知道我為此付出了多少努力。我認為，人總是希望得到父母認可。」[6]

儘管阿諾的職業選擇沒有得到支持，他仍贏得世界上所有重大的健美比賽，包括連續七次獲得備受尊崇的奧林匹亞先生（Mr. Olympia）的殊榮，最後一次是在一九八〇年。然而，成為世界上最偉大的健美選手並非阿諾唯一的夢想（儘管這本身就是一個驚人的成就），他成功將自己的健美實力轉化為電影事業，令許多人驚歎。多年後，他宣布參選加州州長並當選時，人們更是驚訝不已。大多數人不知道的是，阿諾從奧地利早年開始就夢想著這些事情。在二十歲時他就告訴朋友：「我想要和我的偶像雷格・帕克一樣，多次贏得環球健美先生的榮耀，我要跟雷格一樣進入電影界，我想成為一個億萬富翁，我想進入政壇。」[7]

阿諾實現了他的夢想，多次贏得「環球健美先生」和「奧林匹亞先生」的頭銜。他也拍過多部電影，總票房收入超過十六億美元！[8]他同時也是一位非常成功的商人，早期在美國時，他就一直有紀律地存錢，並明智地投資房地產、股票和生意（他還不算是超級富豪，據估計，他的淨資產「只有」八億美元）。[9]他也是一位政治領袖。

阿諾・史瓦辛格實現了自己的夢想，因此取得了巨大的成就。

「一開始，我就知道健美運動是我職業生涯的完美選擇，」阿諾說：「但似乎沒有得到別人的認同，至少我的家人或老師並不滿意。對他們來說，唯一可接受的生活方式是成為一名銀行家、秘書、醫生或業務，以平凡的方式建立事業，接受一般就業代理機構提供的正規工作。我想要鍛鍊身體成為環球健美先生的渴望，完全超乎他們的想像。」[10]但是，阿諾心裡很清楚自己的能力，對於夢想歸屬問題也有肯定的答案。

只有擁有自己的夢想，才有可能成真

你如何回答歸屬問題？你的夢想真的是屬於自己的嗎？你是否願意檢視自己的夢想？許多人出於理性考量而忽略自己內心的渴望，他們選擇一份職業，只是為了取悅父母、配偶或其他人。這麼做可能使他們盡了義務，但卻不會成功，因為**你無法實現一個不屬於自己的夢想**。

回顧你過去的生活，你的計畫、目標和願望是否受到他人的左右？你有沒有意識到這對你憧憬的未來產生什麼影響？你的夢想是否有可能來自於——

父母對你的期望？別人對你的期望？你對自己的期望？

還是來自於……真正的你和你的人生意義？

每個人都有責任為自己釐清這一點。只有在認清自己的夢想之後，才有可能活出上天只賦予你的人生。正如諾貝爾文學獎得主約瑟夫．布羅茨基（Joseph Brodsky）所言：「每個人的首要任務就是掌握自己的人生，而不是接受外界強加或規定的，無論看起來多麼崇高。每個人只有一次生命，我們很清楚結局如何。如果將唯一機會浪費在別人的觀感或經歷，將會多麼遺憾。」[11] 如何分辨你是否正在追求一個不是自己的夢想？以下線索可以幫你找到答案：

當你擁有自己的夢想時

會感覺適合自己
會讓你的心靈自由翱翔
會激發你的熱情
會讓你日思夜想
會讓你走出舒適圈
會為你帶來滿足感
會感覺這是你的使命

當你迎合他人的夢想時

會感覺不適合自己
會感覺負擔沉重
會耗盡你的精力
會讓你昏昏欲睡
會讓你失去優勢
會為他人帶來滿足感
會需要他人鞭策你去實行

當夢想適合一個人，而此人也適合這個夢想時，兩者是無法分割的。要真正實現自己的夢想，你必須相信這個夢想的可能性，同時全心全意投入其中！丹麥哲學家索倫・齊克果（Søren Kierkegaard）曾說：「每一個可能性都是上帝的提示，人應當追隨之。」

歸屬感是實現夢想的第一個關鍵步驟，就像是開啟夢想的鑰匙，讓一切變得可能。當你擁有屬於自己的夢想時，難道不會有更清晰的遠景嗎？難道不會盡全力去實現嗎？難道不會覺得更有熱情、更有可能制定實現的策略嗎？你難道不會想找別人一起參與，也願意為實現夢想付出代價嗎？當你擁有屬於自己的夢想時，難道不會變得更有毅力，在逐夢過程中感到更充實滿足嗎？難道不會覺人生很有意義嗎？一旦擁有屬於自己的夢想，其他一切相關問題，答案很可能都是肯定的。

我有一個夢想，但是……

大多數人並未實現他們的夢想，他們通常只是許願和等待，不斷找藉口，希望夢想自動成真。久而久之，當夢想未能實現，有些人會變得沮喪和憤世嫉俗，有些人就此放棄，一如文學家兼思想家梭羅曾說過的：「大多數人都過著平靜絕望的生活。」我認為很少有人實現夢想的其中一個原因，就是沒有為自己的夢想負責。

我的兄弟賴瑞經常提醒我，對任何事業都必須要投入一份賭注，而他所謂的賭注是指投入一些有價值的東西，每次這麼做時決心就會大大提高。為什麼？因為如果是屬於你的事，你就必須為此事付出精力、金錢、時間和承諾。當這件事牽涉到利害關係時，你就不會再輕率地看待，而是會投入其中。每次賴瑞與他人進行商業交易時，他會確保雙方對該交易都有利害關係，否則不會繼續進行。

你必須對個人夢想抱持類似的態度，建立穩固的基礎。唯有如此，你才有能力克服推托之詞，好比以下我經常聽到拒絕追求夢想的人提出的三種藉口：

藉口一：平凡人難以實現夢想

很多人認為，只有特別的人才能實現夢想，而一般人就只能妥協，但我並不同意這種心態。確實，那些改變歷史的人都有夢想，萊特兄弟夢想在天空飛行，邱吉爾夢想一個自由的歐洲，小馬丁·路德·金恩（Martin Luther King, Jr.）夢想實現種族平等。然而，你不必成為世界知名的人物也能擁有夢想，每個人都有權追求自己的夢想。

其實，追求夢想通常是平凡人和卓越人士之間的區別，**一旦追求個人夢想，普通人也可以過上非凡的生活**。我為什麼這麼說？因為夢想是個催化劑，幫助人們在生活中做出重要改變。你不只是為了實現夢想而改變自己，而是透過積極逐夢的過程，改變了你是誰和你能完成什麼。夢想既是一個目標，也是一個催化劑。

藉口二：如果夢想不大就不值得追求

夢想不應該由規模大小來衡量，夢想的價值並非取決於此。**夢想不一定要遠大，只需要超越自己即可**。我的朋友丹·雷蘭德（Dan Reiland）告訴我，他有一名員工曾經對同事們說：「我一直渴望成為一位偉大的父親。」大家並沒有因為他的志向不夠遠大而批評他，當他說到自己由衷的願望時，每個人都感動不已，那不是什麼巨大的夢想，但是令人震撼。更遠大不見得代表更好，夢想價值不是由大小決定的。

藉口三：現在不是逐夢的時機

不去追求自己的夢想最常見的藉口是時機不對，有些人說現在還不是時候，等待別人的認可才去逐夢，殊不知這個許可權其實是自己的。少數像阿諾．史瓦辛格這樣的人，看到了自己的夢想並勇於追求，證明作家賽珍珠（Pearl S. Buck）說的：「**年輕人不知天高地厚，因此勇於嘗試，實現看似不可能之事，代代如此**。」

還有一些人擔心現在才開始追求夢想已經太遲了，因而放棄，但是我認為小說家喬治．艾略特（George Eliot）說的很對：「追求成為你注定要成為的人，永遠不晚。」

電影明星金凱瑞在單口喜劇演員的職業生涯早期遇到了挑戰和挫折，他表示，每當他想要放棄在娛樂界成功的夢想時，就會想到羅德尼．丹傑菲爾德（Rodney Dangerfield），他努力奮鬥了幾十年才達到事業顛峰。金凱瑞回憶說：「我在俱樂部做單口喜劇演出十五年了，有時讓我堅持下去的唯一動力是受到羅德尼的啟發，他三十歲時退出這個行業，但在四十多歲回歸時大放異彩，取得巨大成就。在一個總是看重年輕而不是才華的行業中，他……絕對證明了，追求夢想永遠不會太晚。你可能需要放棄一段時間，去賣一些鋁合金壁板之類的，但你不必放棄自己的夢想。」[12] 對你來說，**逐夢的時機永遠不會完美**，**所以不如現在就開始**。如果不行動，那麼明年你只會老了一歲，而不是更接近夢想一步。

如何擁有屬於自己的夢想？

如果你願意踏出那一步，想要擁有屬於自己夢想，請按照以下步驟進行：

一、願意下注在自己身上

如果沒人相信你，你還是可能成功，但是如果你不相信自己，你永遠不會成功。的確，如果你不相信自己，也很難相信其他任何事情，世界再大你也漫無目標，沒有向前邁進的動力。然而，那些擁有夢想的人相信自己，當他們有強大的自信時，就會願意下注在自己身上。

擁有一個夢想代表你對自己的信念超越了恐懼。在電影《拼出新世界》（*Akeelah and the Bee*）中，展現了相信自己以及個人潛能的強大力量。故事講述來自洛杉磯南部的女孩艾姬拉（Akeelah）克服許多障礙，參加全國拼字比賽。她的拼字教練拉勒比博士（Dr. Larabee，勞倫斯・費許朋〔Laurence Fishburne〕飾）問她：「你有什麼目標嗎？長大後想做什麼？醫生、律師或喜劇演員？」她回答：「我不知道。我唯一擅長的就是拼字。」

「到那邊去，」教練指著一塊牌匾說，「大聲讀出牆上那段引文。」

她讀道：「我們最深的恐懼不是自己不夠優秀，而是怕自己的力量超乎想像。我們自問：『我有什麼資格成為優秀、迷人、有才華、卓越非凡的人？』其實有何不可？我們生來就是要彰顯內在上帝的榮耀，當我們讓自己光芒閃耀時，無意中也會激勵他人做同樣的事。」[13]

「你了解其中的含義嗎？」拉勒比問：「這段話是什麼意思呢？」

「意思就是，我不應該害怕。」她回答。

「害怕什麼？」

「害怕……我自己？」[14]

唯有相信自己，你才會相信自己的夢想。我想起曾經聽過這樣的評論：

我之所以能夠提出偉大的想法，是因為我相信我有這個能力，而不僅僅是因為我有創意。在金字塔的頂端，一個人有能力創造任何事物，為所創造的一切增添價值。我的成長之路始於童年，得到父母和老師的幫助，接著在導師、伴侶和孩子的協助下繼續前進，所有這些人都增強了我的自信心。最重要的是：健康的自我價值創造了豐富的淨資產。

如果你想成功，必須相信自己有能力辦到，如果你想實現夢想，就必須下注在自己身上。

二、好好過生活，而非僅僅接受生活

選擇權是一個人擁有的最大力量，可惜的是，許多人只是接受生活，而沒有掌握自己的人生，結果無法擺脫自己的困境。

選擇過你的生活，而非僅僅接受生活，對於實現你的夢想至關重要。大屠殺的倖存者艾莉．維瑟爾（Elie Wiesel）在《燃燒的靈魂》（*Souls on Fire*，暫譯）中寫道，當你死後去見造物主時，你不會被問到為什麼沒有成為救世主，或為什麼沒找到治癒癌症的方法，你唯一會被問的問題是：「你為什麼沒有成為真正的你？為什麼沒有全力發揮你的潛力？」實現上天賦予你的潛力需要對自己和個人生活負責，這代表要積極掌握自己的人生方向。

該如何做到這一點？就是要對自己和夢想表達支持。每次你一說可以，都會開發自己的潛力和更大的可能性；如果你習慣說不行，可能會感到困難。如果你正好是這樣的人，至少要願意對自己說「也許可以」。永遠不要忘記，你是獨一無二的，具備別人未曾擁有或永遠不會擁有的才能、經驗和機會。發揮你所有的一切是你的責任，不僅為了自己，也為了每個人。

三、熱愛你做的事，做你熱愛的事

歐文．柏林（Irving Berlin）是美國史上最多產而且成功的作曲家之一，他創作了許多歌曲，如〈天佑美國〉（God Bless America）、〈復活節遊行〉（Easter Parade）、和〈白色聖誕夢〉（I'm Dreaming of a White Christmas），其中〈白色聖誕夢〉被譽為有史以來最暢銷的音樂樂譜。在《聖地牙哥聯合論壇報》（*San Diego Union*）報導的一次訪談中，唐．佛里曼（Don Freeman）問柏林：

「有沒有什麼問題你從未被人問過，但你希望有人問你？」

「有一個，」柏林回答，「『你如何看你寫過的許多未能成為熱門曲目的作品？』，我的回答是，我還是認為這些歌很棒。」[15]

那些追求個人夢想的成功人士，熱愛自己做的事，並做自己熱愛的事。他們會任由自己的熱情和天賦引導。為什麼？因為天賦、使命和潛力總是相輔相成的。上帝創造一個人在某個領域有天賦，對相關的領域也會感興趣。只要我們有勇氣追求個人使命並願意承擔風險，天賦和熱情總會找到可能的契合點。《這輩子，你該做什麼？》（*What Should I Do with My Life?*）作者坡．布朗森（Po Bronson）寫道：

> 我相信未來的事業成功取決於一個問題：我該如何規畫自己的人生？是的，沒錯。人們之所以成功，不會是因為追隨了一個「熱門」的行業（比方說網際網路），或是奉行某個特定的職場指導口號（還記得「橫向職涯」嗎？）。他們的成功取決於關注自己的真實本質，將之與自己真正熱愛的工作結合起來（因而激發出不可思議的生產力和創造力）。[16]

許多成功人士都非常贊同布朗森的說法。一如惠普前董事長兼執行長卡莉．菲奧莉娜（Carly Fiorina）的建議：「熱愛你做的事，否則就不要做。無論是事業還是生活，做出任何選擇時，不要一心只想討好別人，或是因為這在他人的成功標準上排名很高。你選擇要做某件事，是因為這件事能觸動你的情感和思維，同時讓你想要全心投入。」[17]不要成為別人夢想的奴隸。一旦你有了一個夢想，夢想也將主宰著你，成為別人夢想的奴隸會變成一場噩夢。

四、不要將自己（或你的夢想）與他人比較

我認識的每個人都想成功，但幾乎每個人對成功都有不同的定義。你如何定義成功？你是否認同《韋伯字典》（*Webster's Dictionary*）的定義之一：「獲得財富、名聲、地位等」？[18]如果同意，那麼多少財富或多大名聲才算夠成功？你應該選擇一個任意的目標嗎？應該將自己與他人相比較嗎？如果你決定全心培養有品格的孩子或為社區服務，這是否代表你不如那些取得高位或財富的人成功？我不這麼認為。

成功就是從生命的起點開始，充分發揮你擁有的，竭盡全力，做到最好。不應該任由他人為你設定標準，也不應該試圖活在別人的夢想中。與他人比較對自己沒有好處，不會讓我們更容易實現自己的夢想。當我們陷入比較遊戲時，就像牧場中的乳牛看到一輛牛奶貨車經過，標語寫著「巴氏殺菌、均質、標準化、添加維生素A」，於是一頭牛對另一頭牛說：「感覺自己好像有所不足，不是嗎？」

我的作家朋友喬依絲．邁爾（Joyce Meyer）有句話很有智慧：「上帝會幫助你充分發揮自

己的潛力，但祂永遠不會幫助你成為別人。」如果你過於關注與他人的比較，和自己的不足，就會忽視自己應該成為什麼樣的人。如今，我已經六十多歲了，我可以肯定地告訴你，十八／四十／六十法則中蘊含著極大的智慧：你在十八歲時，會擔心每個人對你的看法；你在四十歲時，不再在乎任何人對你的看法；等到了六十歲時，你會發現根本沒人在乎你！

五、即使別人不理解你，都要相信自己對未來的願景

你不是偶然的存在，你來到世上是有原因的。思想家愛默生曾經說過：「相信自己是成功的第一個祕訣，亦即相信自己的存在是某個原因的天意安排，或是你的內在天賦中有一個明確的使命，只要你遵循自己的天命，就會很好並且成功。」儘管你內在蘊藏著巨大的潛能和目標，但別人未必理解你。就像阿諾．史瓦辛格一樣，你可能看到自己的未來景象，但別人可能會覺得你傲慢或自以為是。不要讓這阻撓你追求自己的夢想，勇往直前吧。

記者安娜．昆德蘭（Anna Quindlen）於一九九二年獲得普利茲獎，在她心中有一個夢想和對未來的願景，使她走上了一條別人無法理解的道路。在二〇〇二年對莎拉．勞倫斯學院（Sarah Lawrence College）的畢業生致辭中，昆德蘭說道：「當我為了成為全職母親而辭去《紐約時報》工作時，外界的人都說我瘋了。當我再次辭去工作成為小說家時，他們還是說我瘋了。然而，**如果成功不是按照自己的標準，即使在外界看起來很完美，若在自己的內心感覺很不好，那就**

不算是真正的成功。」[19]

如果你的夢想真的是你自己的，對許多人來說會顯得很不可思議。我並不是說你的夢想可以忽視現實情況，這是我在現實問題（第三章）中將會討論的內容。我的意思是，你必然得克服一些貶損的人，才能實現你的夢想。如果有人試圖扼殺你的希望或否認你追求夢想的進展，也許那個人並不是你的朋友。

每個人都有超越平凡的潛力，正如羅伯特・克里格爾（Robert Kriegel）和路易斯・帕特勒（Louis Patler）在《破舊立新》（*If It Ain't Broke . . . Break It!*，暫譯）書中寫道：「我們不知道人類的極限在哪裡，所有的測試、碼錶和終點線都無法衡量人類的潛力。一個人在追求夢想時，會超越看似是他們的極限。我們內在的潛力是無窮的，大部分都還沒有被開發……當你一想到極限時，就自我設限了。」[20]

把握你的夢想

夢想有巨大的力量，《科學怪人》（*Frankenstein*）的作者瑪麗・雪萊（Mary Shelley）就曾說過：「我的夢想都是我自己的，不必對任何人交代。夢想是我煩惱時的避風港，是我自由時最大的快樂。」如果你有一個夢想，卻沒有努力去實現，那麼你首先需要自我反省，找出原因，你或許追求了一個其實不屬於你的夢想，或是從未真正擁有自己的夢想。

上天在你內心種下了一個夢想，那就是屬於你的，別人無法取代，這個夢想彰顯你的獨特性，蘊藏你的潛能，只有你能夠付諸實現。如果你不去發掘這個夢想，承擔責任，並採取行動，將對自己以及可能從你夢想中受益的人產生負面影響。

詩人約翰．格林里夫．惠蒂埃（John Greenleaf Whittier）曾寫道：「**在所有以語言和文字表達的悲傷中，最令人傷感的是這句話——『本來可以』**。」當你晚年回顧一生時，是否會感到人生很充實，努力實現了目標和夢想？還是會感覺自己只是為了滿足父母、配偶或朋友的期望而生活？你會如何善用寶貴的人生？如果你認為這個問題在未來將會變得重要，那麼現在對你來說也應該很重要。回答這個問題的第一步就是找出自己的夢想，並開始向前邁進。

你能否肯定回答歸屬問題：這真的是我自己的夢想嗎？

如果你對歸屬問題的回答不是堅定的「是」，那麼你需要做兩件事：一、更深入探索自己和個人夢想，二、培養足夠的自信心來擁有夢想。為了更了解自己，請回答下列問題：

如果沒有任何限制，我會做什麼？

如果我只剩下五年的壽命，我會做什麼？

如果我有無限的資源，我會做什麼？

如果我知道我不會失敗，我會做什麼？

一旦你認真思考過，也誠實地回答了這些問題，再花些時間靜靜地反思，好好了解你的夢想。當你相信已經找到個人夢想時，請向你信任的人確認這是否符合你的天賦、能力和經歷。但要小心！如果你身邊都是不看好你有潛力的消極人士，他們可能不是評估你的合適人選。

如果你的問題在於自信心不足，不妨遵循前俄亥俄州議員兼演講家萊斯．布朗（Les Brown）在《活出你的夢想》（*Live Your Dreams*，暫譯）書中的建議，問自己：

- 我有什麼天賦？
- 我最喜歡自己的五大特點是什麼？
- 哪些人讓我感覺受到重視？
- 我記得哪一個屬於我的勝利時刻？

他認為提出這些問題會增加個人的自我認可，布朗表示：「找出你想要的是什麼，然後全力以赴去追求，就好像你的生命取決於它一樣！為什麼呢？因為確實如此！」

02

清晰問題
我是否清楚看見自己的夢想？

給我們清晰的遠景，讓我們知道該站在哪裡，以及該堅守什麼。
——彼得・馬歇爾（Peter Marshall，英國哲學家、歷史學家）

二〇〇七年夏天，麥可・海亞特（Mike Hyatt）和其他幾位朋友來到愛爾蘭，我們一起度過了幾天高爾夫球之旅。麥可從大學時代就開始從事出版工作，在這行幾乎各方面都有涉獵。他曾經是一名作家、代理人、出版商，甚至是一家出版公司的創辦人。麥可是一位優秀的領導人，如今擔任湯馬斯・尼爾遜出版公司（Thomas Nelson, Inc.）的董事長兼執行長。

我喜歡打高爾夫球，雖然球技不出色，但我很享受在美麗的球場上打球，也很熱愛這項運動，我相信，打高爾夫球是建立人際關係和進行商業交流的絕佳時機。在愛爾蘭的一個清晨，我在和麥可閒聊時，向他展示這本書的初步大綱，他看完後立刻說道：「約翰，你必須加一個章節討論清晰願景的重要性。如果少了明確的願景，就什麼都沒有。」隨後開始跟我講述他自己的親身經歷。

一生難得的機會

二〇〇〇年七月，麥可任職的湯馬斯・尼爾遜出版公司的上司突然辭職。當時，麥可是大眾圖書部門的副社長，他獲邀接替他的職位成為社長。「我知道我們部門的狀況不太樂觀，」麥可解釋，「但是，直到我成為社長後，才真正了解情況有多麼糟糕，我深吸一口氣，開始評估現實狀況。」以下是麥可發現的問題：

- 他的部門是全公司十四個部門當中盈利表現最差的，其實前一年還處於虧損狀態，其他部門的人紛紛抱怨這個部門對整個公司造成了負面影響。
- 該部門的營收成長已經連續三年停滯不前。此外，他們剛剛失去了最重要的作家，該作家轉去競爭對手的出版公司，使未來的收入增長變得更不可能。
- 他的部門是公司中營運資金使用效率最低的。以收入占比來看，庫存和預付版稅的比例都是全公司最高，但幾乎沒有帶給股東實質的回報。
- 該部門的每位員工都工作到筋疲力盡。每年出版一百二十五本新書，但卻只有十名員工，每個人都工作過度，品質也因此大受影響。

麥可說：「情況簡直糟透了，然而，身為新任主管，我意識到對我來說，事情再好不過了，這是一個難得的事業發展機會，如果我能成功扭轉這個部門的局勢，我將被視為英雄，如果我無法做到也無妨，畢竟，在我接手時這個部門已經是一團糟。我沒有什麼損失。」

當時，大多數高層主管都會立刻召開重大的策略會議，以挽救組織脫困，但是麥可不同。多年來他已經學到，當人們太早考慮如何解決的時候，會削弱自己的潛力，事實上反而會限制自己的夢想，無法想得更遠。他深知實現夢想取決於願景的清晰度。

「你需要的是一個遠大而令人信服的願景，」麥可解釋，「不僅對別人有吸引力，對自己也是如此。如果願景不具吸引力，你就不會有堅持下去的動力，也無法招攬其他人來幫你。雖然願景和策略都很重要，但其中有優先順序，願景始終是第一位，永遠都是。**如果你有一個清晰的願景，最終將吸引到正確的策略，但如果少了清晰的願景，沒有任何策略能拯救你**，我在個人的職業生涯和生活中一再見證這種情況。」

那麼，麥可如何釐清他想要實現的目標呢？

「我做的第一件事是閉關，」麥可說：「我心中有一個目標，想要清楚了解我的願景，我希望看到什麼發展？三年後這個部門會是什麼樣子？我不在乎具體策略，我只在乎願景。如果我在有願景之前就先制定策略，我可能會說，『唉，我看不出我們能有多少的成果，情況這麼糟糕，我們沒有太多可利用的資源，還是明年再想辦法達到收支平衡吧，也許我們可以賣掉一些庫存來降低營運成本，或是簽下幾位新的作者，增加一點收益』。」

「你認為有人會被這個願景激勵嗎？這會吸引到合適的作者嗎？會讓合適的員工想留下來打拚嗎？這能獲得額外的企業資源嗎？我認為不會。問題在於人們過於關注如何去做，而無法看到更遠，因此會限制他們的視野，深信必須務實一點，而這份預期就成了新的真實情況。」

麥可的話很有智慧。在嘗試擊中目標之前，你必須先確定目標在哪裡；在向他人描繪景象之前，你必須先了解景觀的樣貌；在嘗試實現夢想之前，你必須清晰地看見那個夢想。如果你無法看清自己的夢想，或被實際或想像中的阻礙困擾，你就會限制自己的發展。如果你想做夢，何不大膽地去夢想。這就是麥可的作法。他在閉關期間努力制定一份具有吸引力的願景聲明，畢竟如果他自己對此不夠興奮，部門的其他同事也不會受到激勵，他任憑自己想像一個美好的未來，然後寫下清晰的夢想畫面，以下是他寫的內容：

願景聲明

尼爾遜圖書是全球最大、最受推崇的勵志書籍出版商

- 我們有十位特約作家，他們的新書在前十二個月內至少銷售十萬冊。
- 我們有十位新興作家，他們的新書在前十二個月內至少銷售五萬冊。
- 我們每年出版六十本新書。

- 作家們因為和我們合作愉快，主動邀請其他作家與我們合作。
- 由於我們成功的聲譽，頂尖代理人經常將旗下最優秀的作者和提案引薦給我們。
- 我們每年至少有四本書籍榮登《紐約時報》暢銷書排行榜。
- 我們在基督教暢銷書排行榜上的書籍一直多於競爭對手。
- 我們持續在收入和利潤貢獻超越預算目標。
- 我們的員工表現出色，持續達到或超越業績目標。
- 我們是公司中成長最快、最有利潤的部門。

麥可對未來的展望非常具體，這正是使夢想更加明確的方法！

麥可回到辦公室之後，召集全體員工開會，他首先描述當前的情勢，坦率直言，毫無保留。隨後，他分享自己的夢想，盡可能詳細地描述願景。由於他的願景清楚明確而且極具吸引力，因此激發了團隊的共鳴，他能感受到他們的興奮，大多數員工都深感興趣，立刻表達願意跟隨。

然而，光是向每個人提出未來願景是不夠的，麥可知道他需要不斷保持心中清晰的願景，因此每天都會讀自己的願景聲明，不斷思考，為之祈禱，並持續夢想。

別人開始問他：「你究竟要如何實現？」一開始，他的回答是：「我不確定，但我有信心這會實現的，拭目以待吧。」在他持續專注於願景時，策略開始逐漸浮現，只是他的主要焦點仍然不在策略上，而是在夢想。麥可說：「我把更多的時間——可能是十比一——專注在思考夢想是什麼，而不是如何做。」

麥可原本預計部門的轉型至少需要三年，令人驚奇的是，他和他的團隊在短短的十八個月內就實現了大逆轉，那時他們幾乎已經超越了各項願景。「這不是因為我們有出色的商業策略，而是因為我們對想實現的目標有清晰的願景，那就是我們的起點。如果你想要改變目前的現實狀況，也必須從願景開始，你必須明確知道自己想要什麼。」麥可表示。

自二〇〇二年以來，尼爾遜圖書一直是湯馬斯．尼爾遜出版公司中發展最快、利潤最高的部門，是公司培育最多成功作者的基地，不斷推出暢銷書籍，這些成就不是偶然。麥可從該部門負責人晉升為整個組織的董事長，後來又成為執行長，這也不是偶然。現在湯馬斯．尼爾遜出版公司是全球最大勵志書出版社，也是全美第六大出版社。即使在其他同業面臨困境之際，仍然取得卓越的成就。為什麼？因為麥可和其他成員對公司的願景非常清晰！

你聚焦在你的夢想嗎？

你是否清楚地看見自己的夢想？明確而吸引人的夢想曾經拯救過許多陷入困境的組織，夢想賦予了許多人生命的意義和重要性。麥可提出的夢想清晰問題，深深地觸動了我。在我人生中每一次取得重大成就的時候，我事前的夢想都非常清晰，我**知道自己在努力追求什麼**。

如果你渴望實現一個夢想，只有當你對夢想有清晰的遠景時才有可能實現，你必須在追求之前將其定義清楚。然而大多數人並沒有這樣做，他們的夢想仍然只是一場夢，太過模糊又不夠具體，因此，永遠無法實現。

嘗試追求一個模糊不清的夢想，就像是一個喜歡西部片的人隨興開車到美國西部，期待途中碰到一些有趣的事情。其實，這個人必須將模糊的概念轉化為具體的目標，比如：「我想參觀位於奧克拉荷馬城的西部牛仔文化遺產國家博物館，然後前往亞利桑那州的墓碑鎮（Tombstone）參觀《龍爭虎鬥》（*O.K. Corral*）片場，再去造訪老圖森製片場（Old Tucson），看看我最愛的西部片《赤膽屠龍》（*Rio Bravo*）的拍攝地點，最後參觀美麗的紀念碑谷（Monument Valley），那裡曾拍攝過《驛馬車》（*Stagecoach*）和《狂沙十萬里》（*Once upon a Time in the West*）等電影。」這樣就可以實現了！

如果你渴望實現夢想，必須將之成為焦點。在朝著這個目標努力的過程中，牢記以下幾點：

一、清晰夢想使模糊的概念變得非常具體

每當我請人描述自己的夢想時，很多人都會支支吾吾，試圖用言語表達他們曾經想過但從未明確定義的模糊概念。不明確的夢想無法幫助你到任何地方。

你想要實現什麼？你想體驗什麼？你想有何貢獻？你想成為什麼樣的人？換句話說，對你來說成功是什麼樣子？如果你不明確定義，就會難以實現。

這聽起來或許過於簡單，但大多數人未能實現個人願望的主因之一是，他們不清楚自己到底想要什麼，因為他們尚未清晰且具體界定自己的夢想。誠如演員兼作家班·史坦（Ben Stein）所言：「**想要得到生活中想要的事物，不可或缺的第一步是：確定自己想要什麼。**」

確定自己想要什麼需要具體一點，確保你的目標是可衡量的。例如，請參考以下這些模糊概念如何轉化成具體目標：

模糊的概念	**具體的目標**
我想減肥。	我會在六月一日之前將體重減到八十五公斤以下。
我必須更善待員工。	我會在每週一的員工會議上表揚一名員工。
我想還清債務。	我會在十二月三十一日前還清所有卡債。
我想學一門語言。	我今年每天都學一小時英文。
我應該改善身體健康。	我每天都會去游泳一小時。
我必須提高我的領導能力。	我每月都會閱讀一本領導力書籍。

夢想不一定是虛無縹緲的，即使是非常大膽的夢想也可以很具體。一九六〇年代初期，甘迺迪總統就曾將一個偉大的夢想變得具體，他說：「我國在未來十年之間應該致力於實現讓人類登陸月球的目標。」甘迺迪太空中心前發射中心副主任艾伯特・西珀特（Albert Siepert）曾表示：「美國太空總署之所以成功，是因為設定了清楚的目標，並明確表達出來。」你在開始探索自己的潛力並構思未來時，放飛自我想得遠大是好事，但是到了要開始讓夢想成真時，就必須要更具體一點。

具體不代表在你行動之前得將每個細節都考慮周全，那是錯誤的。重要的理念需要明確，其餘的事會隨著你的行動而逐漸展開，你可以在發展過程中隨時調整，但是對於主要的夢想，則應該要盡量具體明確。

多年來，我一直鼓勵領導者為員工增加價值，扶持他們，並激勵他們成功。為人增加價值是我的天賦，但對許多人來說並非如此，我發現有些人在這方面有困難。由於我渴望在這個領域幫助其他人，我體認到有必要進行深入探討並撰寫相關書籍，因此我和雷斯・派瑞特（Les Parrott）合著了一本書，名為《與人共贏25法則》（*25 Ways to Win with People*），這本書闡述了一些實踐方法，教人如何為他人增添價值，如今，我不僅僅鼓勵人們增加價值，還幫助他們真正做到這一點。

二、夢想需要付出努力才能變得清晰

任思緒和夢想漂流是輕而易舉的事，然而，要專心發展出一個清晰又吸引人的夢想，則需要下很大的功夫。麥可．海亞特說，在他閉關構思部門明確的願景時，他去了一個安靜的地方，只帶了一支筆和一本日記。他開始寫下當前面臨的現實情況，極度誠實地寫出一切他不滿意的事情，隨後詳細寫下自己未來期望看到的事，而非只是希望成功或有待改進的模糊夢想。

付出一些努力，善用工具和方法使自己的夢想更清晰。如果你想像麥可一樣，可以找個小木屋閉關，只帶一些筆和紙。而對我來說，我需要一些啟發來幫助我朝正確的方向思考，也許這些方法對你也會有幫助。以下是我在釐清夢想的任務中運用的基本要點：

- **提問**。我一開始會向自己提出幾個關鍵問題。夢想總是扎根於夢想家的經歷、環境、才能和機會。我會問自己：

我感受到什麼？──我的情感告訴我什麼？
我感知到什麼？──我的直覺告訴我什麼？
我看到了什麼？──我周圍發生了什麼事？
我聽到了什麼？──別人在說什麼？
我在思考什麼？──我的理智和常識在說什麼？

如果我有好的判斷力足以了解目前我的處境、我知道的事和我渴望的事，就能夠釐清自己的夢想。

- **資源**。我很少嘗試在孤立狀態下思考、創造或夢想，我相信應善用各種工具來幫助自己，比方說，閱讀一本書、收聽廣播訊息、看電影或讀名言，或者有時候放一張照片或一個物品在我面前來幫助我建立美夢。我曾多次在辦公桌上放一張照片超過一年以上的時間，藉此幫助我更清楚地看到自己的夢想。
- **經驗**。多年前，我夢想在美國建立一個有影響力的教會，當時我走訪全國各地已經有影響力的教會，使這個願景更具說服力也更清楚，也曾造訪有歷史意義的地點，參觀我崇拜的一位英雄的故居，以激勵自己。這樣的經驗幫助我更大膽地夢想，也使夢想更加清晰。
- **人脈**。我在建立夢想時，會想到那些已經成功實現類似目標的人。連續三年，我主動向我夢想的領域有成就的領導人請益，聽取他們的見解，這些互動讓我更有信心，激勵我更大膽地做夢，也使我的夢想圖象更清晰。傾聽別人分享豐富的經驗，有時能幫助你找到自己的夢想細節。

如果你已經找到了釐清你的夢想的方法，那就好好使用，如果還沒找到，可以試試我或麥可．海亞特的作法。不管你打算怎麼進行，請記住：這通常是一個過程。有時候，夢想的清晰遠景可能會迅雷不及掩耳突然閃現，但對大多數人來說並非如此，都是需要經過不斷地努力、釐清和重新塑造。如果過程中遇到困難也不要輕易放棄。事實上，如果太容易了，也許是你的夢想不夠大膽。繼續努力下去，找到清晰的夢想是值得為之奮鬥的。

三、清晰的夢想堅定你的目標

如果你已經回答了歸屬問題，確認這是屬於你的夢想，那麼努力釐清夢想應該會強化你已經確立的目標，讓夢想聚焦能確認你選擇的方向是正確的，同時增強你的使命感。

我在自己的生命歷程中也發現是這樣，在努力釐清夢想時，我發現**越是清楚看到自己的夢想，就越明白自己的使命**。我相信這是真的，因為人的夢想和使命緊密相關。上天造就我們渴望做自己最擅長的事，因此，我在參觀有影響力的教會時，我內心產生了共鳴，感覺找到了歸屬感。我在探訪這些教會的成功領導者時，感覺自己也能成為其中之一。這感覺有點奇妙，我正在激發我的想像力，讓自己更大膽地夢想，同時也確認我正走在正確的軌道上，我能看到夢想的畫面，而我置身其中！

當你的夢想和使命一致時，你會知道的，這對於電影製片人史蒂芬．史匹柏來說正是如此。

他上高中時夢想著執導電影，他向他父親表示：「我想要成為一名導演。」

他的父親告訴他，「好吧，如果你想當導演，就必須從基層開始做起；你得先做助手，然後再一步步往上爬。」

「不，爸，」年輕的史匹柏回答：「我拍第一部電影時，就會是該片的導演。」而他果真如此。

「他真是讓我刮目相看，那需要很大的勇氣。」他的父親表示。阿諾．史匹柏（Arnold Spielberg）對兒子的雄心壯志和自信感到印象深刻，他資助史蒂芬的第一部電影《火光》（*Firelight*），這是一部科幻驚悚片，首映於亞利桑那州鳳凰城的一家小電影院。在拍攝這部電影期間，年輕的史匹柏告訴他的合作夥伴：「我想成為科幻電影的塞西爾．德米爾（Cecil B. DeMille，譯注：美國知名電影導演和製片人，好萊塢電影工業的奠基人之一）。」[1] 這個描述很貼切，因為他確實成了這樣的人物，監製或執導《侏羅紀公園》、《MIB星際戰警》、《變形金剛》、《E.T.外星人》、《關鍵報告》、《回到未來》、《小精靈》、《第三類接觸》等科幻電影。史匹柏的夢想非常明確，這股清晰的力量幫助他實現了夢想。

當你開始與夢想對話，努力讓夢想變得更清晰，與你的使命保持一致，將改變你的人生，因為這會讓你明白自己存在世上的目的。如果你沒有感受到這種一致性和強烈的使命感，你可能需要重新檢視歸屬問題，確保你追求的夢想真的屬於你。

四、明確的夢想決定你的優先順序

榮獲一九五七年奧斯卡最佳影片的《桂河大橋》（*The Bridge on the River Kwai*），被譽為有史以來最出色的電影之一。劇中主角尼克森上校（Colonel Nicholson）由亞歷・堅尼斯（Alec Guinness）飾演（榮獲當年的奧斯卡最佳男主角），該角色是研究搞錯優先要務的範例。尼克森上校是一位令人尊敬又強悍的領導者，在二戰期間被日本人俘虜，成為緬甸戰俘營中最高階的軍官，日軍監禁者試圖逼迫他帶領其他戰俘建造一座鐵路橋梁。一開始尼克森英勇地抵抗，但最終屈服，並開始參與橋梁建設工程。後來他對手下建造橋梁的成果感到十分自豪，讓他忘記了自己真正的目標，也就是擊敗日本並贏得戰爭。在電影尾聲，尼克森甚至開始保護橋梁，防止聯軍軍官設置炸藥將之炸毀。然而，在他臨終之際，突然領悟到自己的錯誤說：「我做了什麼？」最後他決定引爆炸藥，炸毀橋梁。

人很容易陷入日常生活的瑣事中，而忘記了宏觀的願景。然而，當你的夢想清晰可見時，有助於你重新調整優先順序。

即使我多年來一直在傳授這個道理，我有時候也需要有人提醒。這是發生在二〇〇七年十二月的事，我因為暈眩而去了醫院，經過兩天的檢查，發現我有心律不整的問題。

我新的心臟病權威克蘭德爾醫生（Dr. Crandall）來到我病房，跟我討論我的健康狀況。我知道他要說什麼，我有一段時間沒有控制我的飲食了，為了向他表明我知道即將發生的事，我說：「克蘭德爾醫生，我知道我需要管理我的體重。」

「不，你不需要管理體重，」他的回答讓我大感意外，一度還抱有希望，「你需要減輕體重，約翰，你太胖了！等你減掉一些體重之後，再來考慮管理吧！」在我們十五分鐘的對話中，他說了十幾次我太胖了，確定我承認這個事實。

聚焦我的問題，我希望保持健康繼續和家人共度時光，因此我的優先事項變得很清楚，我會不惜一切代價達到健康體重，這代表我得改變我的優先順序，發展新的生活模式，也將規範我未來的行為。除非有意外狀況，否則我每天攝取的熱量不超過一千六百大卡，我每天至少要運動一個小時。如果我想實現長壽和健康的夢想，就必須根據首要考量來調整我的生活。

沒有人能夠擁有一切，我們常常自認為可以，但其實不能。如果你清晰地看到你的夢想，並不斷地提醒自己，這會幫助你明白自己必須放棄什麼，必須全心全意投入什麼，以繼續前進。

只有充分了解自己是誰和未來的目標，才能幫助你想清楚首要考量是什麼。人人都在做選擇，問題是，你的選擇是讓你更接近夢想或更遠離？如果你不明白自己的夢想是什麼，就無法做出正確的選擇。清晰的願景會帶來明確的優先要務。

五、清晰的夢想給團隊方向和動力

你的遠大夢想無疑需要其他人的參與。如果你隸屬於一個有目標或願景的組織，你就必須和別人合作才能實現這些目標。無論如何，都要有團隊合作的能力，而只有當你們有清晰的夢想願景時，才能有效地合作。

作家兼前美國職業足球聯盟（NFL）裁判吉姆．塔尼（Jim Tunney）指出，許多企業組織之所以未能達成目標，是因為他們並未清楚地定義目標，他提到：「如果員工不了解公司的目標和經營計畫，這些目標將無法實現。」他接著指出，美式足球從來不會有這個問題，「目標始終明確界定，球場的盡頭是一條得分線（goal line）。為什麼稱為goal line呢？因為進攻隊的十一名球員齊心協力，只為一個共同目的：將球越過這條線。每個人都有明確的任務，四分衛、外接手、每名鋒線球員，所有球員都清楚各自的分工。就連防守隊也有其目標，也就是阻止進攻隊實現他們的目標。」

牧師、作家和編輯艾德．羅威爾（Ed Rowell）表示：「夢想是更美好的未來，需要建築師向他人展示如何將美好未來建構成實體建築。」如果你是個領導者，就必須成為那位建築師，辨識出這個夢想，並為自己和他人規畫藍圖，將之具體呈現。

有一天晚上，我和一位名叫約翰．佛萊明（John Fleming）的建築師在德州的達拉斯共進晚餐，他告訴我：「假如你是一名建築師，你不能在完成規畫之前就開始施工。」他的意思是，如果你是個有遠見的領導者，在帶領團隊之前必須先知道終點，你必須看得到結果，如果你看不到，你的團隊將無法實現你的願景。

身為一名領導者和領導力導師，我一直在思考如何向他人傳達願景。如果領導者提出模糊不清的願景，人們也同樣會以模糊的方式跟隨。不夠明確的願景會阻礙行動，削弱毅力，並影響執行力，追隨者不會全力支持自己不理解的事，沒有人會為了看不見的目標而堅持，沒有人會因為半信半疑的信念而受到激勵。

我喜歡某位田徑教練比賽前向選手傳遞目標的故事。在起跑槍響起之前，他總是會說：「保持在跑道左側，然後盡快回到這裡來。」這麼說再清楚不過了！

每當一個團隊、部門或組織對於理想目標沒有明確的共識時，注定會偏離軌道。一九八一年，我成為天際衛斯理教會（Skyline Wesleyan Church）主任牧師時，就面臨過這個問題。儘管過去教會曾經有成長，但多年來一直處於停滯狀態，我很快察覺到領導層迷失了方向。憑著直覺，我要求董事會的每位成員將教會的宗旨寫在一張小卡上。當我讀完這些卡片，發現十七名成員寫下十五種不同的答案時，我的懷疑得到了證實。

教會的精神雜亂無序，缺乏明確方向。為什麼？因為組織領導者之間少了共同的夢想，難怪無法前進。在接下來六個月裡，我們努力確立了教會的核心價值和共同願景。隨著教會的夢想變得更加清晰，領導層也變得更有精神，而這些全新聚焦、充滿活力的領導者將這些特質傳遞給所有教會成員。結果，在接下來的十年內，教會的規模增加了三倍，對社區產生正面積極的影響，這正是我們的夢想。

你必須看見機會才能抓住機會

大多數人在生活中徬徨不定，沒有明確的夢想，不清楚自己有什麼目標。即使有一個絕佳的機會出現在眼前，他們也沒有能力察覺，並轉化成具體夢想。

一八六六年，一位業餘地質學家注意到一些南非的孩子在玩著一塊閃亮的岩石，他感到好奇，問孩子們的母親能否購買這塊岩石，她說這根本不值錢，就直接送給他。當他仔細檢查之後，他的直覺得到了證實：這是一顆鑽石，估計重約二十一克拉。[2]

其他人聽說這些發現時，一位名叫詹姆士·格雷戈里（James Gregory）的蘇格蘭礦物學家被派去調查，他報告說，南非不適合鑽石的生產，他推測之前的發現是由於鴕鳥意外在遠方吃到鑽石，隨後透過糞便在南非沉積下來的。

格雷戈里的報告公諸於世幾天之後，有人在他曾經參觀過的地區發現了一顆八十三克拉的鑽石，如今被稱為「南非之星」，也開啟了該地區的第一個採礦業務，而南非現在是全球最大的鑽石生產地。那麼格雷戈里呢？他的名字留存至今，但絕非他期望的方式。在鑽石產業中，只要有人表現出糟糕的判斷力時，就會稱之為「搞了個格雷戈里」（pulling a Gregory）。[3]

在鑽石熱潮期間湧入南非的人群中，有一位來自英國的年輕人，名叫塞西爾·羅茲（Cecil Rhodes），他夢想著成功。他和他的兄弟相中了這個地區的鑽石開採潛力，買下許多的採礦權，他們還在英國買了一台製冰機帶到非洲，賣冰給在酷熱中受苦的礦工，再用獲利購買更多的採礦權。在一八八〇年代，羅茲創立了戴比爾斯（De Beers），成為全球最大的鑽石生產商。[4]

談到個人夢想時，你會如何描述你的願景？是盲目地接受現狀呢，還是會張大眼睛尋找更廣闊的可能性？當你發現夢想可能性時，是否會明確定義出來，認真地去實現夢想呢？你願不願意詳細描述夢想，寫在紙上，並與他人分享？

如果你不這麼做，就是讓自己處於劣勢。只有看清自己夢想的人，才能把握夢想。如果你能肯定地回答清晰問題，清楚看到自己的夢想，那麼你將大大地增加未來實現夢想的機會！

你能否肯定回答清晰問題：我是否清楚看見自己的夢想？

是時候**詳細描述**你的夢想讓它更清晰了。如果你對夢想有大致的想法，可能會有股衝動想開始制定策略，但先別急著這麼做，正如麥可．海亞特強調的，你必須先有願景。首先，寫下你的夢想細節，盡情發揮你的想像力，盡可能形容你能想到的要素或片段，直到滿意為止。

然後盡情**量化**一切要素，用可衡量的方式來描述，暫時不要擔心如何實現的問題。要勇敢、大膽，讓夢想遠大！

下一步是**精簡**地陳述你的夢想。麥可把他的夢想分解為十個明確、可衡量的元素，對你的夢想採取類似的作法，數量不重要，只需要與你的夢想相符，但要盡量保持簡短。

不要指望一次就能完成夢想釐清的整個過程，對大多數人來說這是不可能的。反之，給自己足夠的時間，或許你可以考慮閉關進行這個過程，如果你能遠離日常環境或例行公事幾天，也許能完成大部分的釐清工作。或者也可以花一天時間去夢想，然後在接下來的幾個星期內，每次花幾個小時繼續進行。不要忘記你的目標：讓你的夢想盡可能地清晰和具體，將之放在眼前，每天提醒自己。

03
現實問題
我能靠自己可控的條件實現夢想嗎？

現實……可能使幻想破滅，卻無法擊敗夢想。
——魯迪・魯提格（Rudy Ruettiger，勵志演說家）

夢想，根據定義，不該以現實為出發點，夢想應該是奇妙、不可思議、超越框架的。畢竟，夢想源於希望、渴望和可能性，是想像力和創造力的產物。然而，這也帶來一個問題，如果夢想沒有機會成為現實，那麼是否值得努力追求呢？我認為不值得。

談到夢想時，許多人都被推銷了一些美化不實的東西，他們聽過父母、教育家和勵志演說家說過類似的話，比如「你的夢想可以無限遠大」、「只要你有信心，就能實現夢想」等，或許也讀過一些專家對夢想家的觀點：「你有能力實現你想追求的一切，你內心蘊含一切能夠想像的潛力。總是要設定超越你自認為能力所及的目標，因為你往往會發現你能實現任何目標。」

這真是胡說八道！我不相信你可以，我

也不信做我做得到。沒錯，我們確實需要設定高遠的目標，然而，我們沒有能力達成我們渴求的一切。我沒有能力實現我夢想的每一種潛在可能，也不相信任何目標我都能達成，這是不切實際的。

小說家李察．巴哈（Richard Bach）同樣斷言：「當你有一個願望時，通常也會擁有實現這個願望的能力。」如果你稍微理性思考一下，就會知道並不是真的。幾乎每個孩子都有過想要像鳥兒一樣飛翔的時刻，那不是太棒了嗎？然而，不管我們多麼生動地想像，這都是不可能實現的。

不正確的成功心態

如果你不相信人們有多麼信奉這種虛假承諾，只要看看實境節目《美國偶像》（*American Idol*）就知道了。如果你曾看過這個節目，就會明白我的意思。數萬人報名參加《美國偶像》的試音選拔，但只有表現最優秀和最差的人，才有機會在評審面前試鏡，這些評審會挑選出有資格簽錄音合約的競爭者。

有些參賽者搞不清楚自己本身有多少實力，唱得荒腔走板、尖銳刺耳，還激動地吶喊嘶吼，然後驕傲地向所有人宣告對自己的才華極有信心，就連那些從未在公眾場合演唱過的人也是如此。當他們面對評審委員的負評（包括一位專業音樂製作人、一位有六首冠軍歌曲的專業歌手、一位唱片公司高層，加起來六十多年經驗），這些渴望成名的參賽者會大發脾氣、辱罵評審，並宣稱：「那只是你個人的看法！我是很棒的。」

我必須承認，我覺得有一些參賽者的試音很好笑，但我不得不懷疑試鏡者的朋友和家人在哪裡，難道不曾有人告訴他們真相嗎？難道沒有人給他們真實反饋嗎？除了參賽者本人以外，大家都知道他們完全不具實現歌手夢想的資格！

光是相信夢想並不夠，渴望實現夢想也不夠，這些參賽者對個人夢想充滿熱情嗎？是的。他們有在全力追求夢想嗎？至少在那時確實如此。他們真的能成為全美偶像嗎？不可能！為什麼呢？因為他們的夢想和現實並沒有交集。

樂手的天賦、努力，和夢想

對比之下，讓我們來看看安迪．赫爾（Andy Hull）的故事，他是EQUIP和Injoy Stewardship Services董事長兼執行長約翰．赫爾（John Hull）的兒子。安迪一直熱愛音樂，他的母親雪倫說，安迪在學說話之前就會唱歌了。通常父母得不斷督促孩子練習音樂，但雪倫卻得勸告安迪別再練下去。

安迪在八歲時得到他的第一把吉他，就自然會操作了，自己學會了彈奏和弦。他還會彈奏其他樂器，如小號和鋼琴，但雪倫說他似乎對弦樂器有特殊的才能。當他六年級組建了自己的第一支樂團時，眾人毫不意外。他和朋友們曾經在多倫多他家附近一個四周都是水泥牆的寒冷房間裡演奏。到了十三歲時，他和一位朋友經常一起透過電話寫歌，用錄音機錄下他們的創作成果。

安迪上了高中之後對學校很厭煩，打算輟學，想全力發展音樂事業，他父親的回應是：「你有什麼計畫？」安迪考慮了一下，隨後向父母提出一個建議：他打算離開高中，在高中最後一年自學，同時利用這段時間製作一張專輯。安迪估計他每天大約只需要兩個小時完成課業，有足夠的時間來創作歌曲、組樂團、籌集資金租錄音室和錄製專輯。父母同意他的提議，於是他開始行動。他對學業的看法正確，那一年他得到一家音樂雜誌的幫助，為他提供一些錄音室租用資金，實現了自己錄製專輯的目標。

雖然他沒有發行那張專輯，但這個過程讓安迪學到很多寶貴的經驗，他鞏固了自己組建的曼徹斯特管弦搖滾樂團（Manchester Orchestra），了解音樂圈的運作，並制定一個發展計畫。大多數年輕音樂人對於和唱片公司簽約都會很興奮，他們會為了快速取得前期費用而放棄自己的權益，失去對音樂的自主權。唱片公司提供他們一筆龐大的預付款，期望樂團努力打拚賺回這筆錢。如果樂團無法帶來預期的回報，就會遭到解約，而樂團通常也會就此銷聲匿跡。

安迪有自己的想法。他不想簽下一份龐大的合約而掉入那種陷阱，反而想在網路上發行自己的音樂，再透過巡迴演出來建立樂團的粉絲群。他還想建立和推廣自己的唱片公司，將之命名為 Favorite Gentlemen（暫譯：最愛的紳士），這個名稱是受到他最喜歡的亞特蘭大勇士隊棒球員的啟發。

他拒絕了幾家唱片公司的合約，直到找到他認為最合適的商業合作夥伴，這個人不僅願意簽下樂團，也願意簽下他的新唱片公司。安迪最終決定與 Sony 合作，根據這項協議，他前期得到的金額要少得多，但也保留更多的音樂自主權。他還從 Sony 那裡得到了一些資金，可以用來簽下其他樂團加入他的唱片公司。安迪的願景是建立一個音樂人社群，一位唱片公司高層告訴安迪說，這是他見過所有十九歲年輕人當中最出色的商業計畫。

安迪年僅二十一歲就擔任自己的唱片公司總經理，並簽下了十個樂團，發行十五張專輯。曼徹斯特管弦搖滾樂團的第一張專輯名為 *I'm Like a Virgin Losing a Child*（編按：二〇〇六年十月發行），樂團曾在《大衛深夜秀》（*The Late Show with David Letterman*）和《康納・歐布萊恩深夜秀》（*Late Night with Conan O'Brien*）節目中亮相。二〇〇七年，曼徹斯特管弦搖滾樂團就達到一年二百五十場演出的目標。

安迪的母親雪倫說，安迪想要的一切都實現了，他已經準備好開始考慮他下一個遠大的夢想，我很有信心他絕對能夠美夢成真。

如果你只靠運氣，那我只能說：「祝你好運！」

據說丹麥諾貝爾物理學家尼爾斯．波耳（Niels Bohr）曾將一隻馬蹄鐵釘在他辦公室的牆上（編按：將馬蹄鐵掛在牆上是古老的歐洲習俗，認為可以趨吉避凶）。當一位訪客評論說：「像你這樣的科學家應該不相信這種迷信吧。」波耳回答道：「當然不會，但我聽說，不管你相不相信，它都會帶給你好運。」

若你的夢想大部份憑靠運氣，你可能會陷入困境，若完全靠運氣，那你便是活在幻想世界。古羅馬拉丁格言家普布里烏斯．西魯斯（Publilius Syrus）曾說過：「習慣依靠運氣是一件非常糟糕的事。」最糟糕的幻想者，就像是《美國偶像》表現很差的試鏡者，幾乎完全依賴運氣在追求自己的夢想。他們相信只要知道如何在正確的時間帶著正確的號碼出現在正確的地點，轉眼就中了！他們以為他們的幻想終將成真。

如果有那麼簡單豈不太好了？但當然不可能。哲學詩人愛默生觀察到：「淺薄的人相信運氣，堅強的人則相信因果關係。」

你在逐夢的過程中，得問自己這個問題：我能靠自己可控的條件實現夢想嗎？腳踏實地的夢想家，和那些生活在幻想世界中的人，對夢想採取截然不同的態度，看看他們在實現夢想方面有何不同：

逐夢者	幻想者
依賴紀律	依賴運氣
關注過程	關注結果
培養健全的不滿情緒	培養不切實際的期望
強化所做之事	貶低工作價值
引領行動	尋找藉口
激發動力	停滯不前
促進團隊合作	滋生孤立感
行動	等待
接受必要風險	避免個人風險
自己負責	他人負責

長勝者不會把一切交給機運，他們會專注於自己能做的事，然後付諸行動。我景仰的其中一位人物是約翰．伍登（John Wooden），他是加州大學洛杉磯分校（UCLA）一位已經退休非常成功的籃球教練，正是這種生活態度的完美典範。伍登教練凡事不會交由運氣決定，在訓練之前，他會詳細地在小卡上寫下球員們將要進行的每個細節。他在南本德中央學院（South Bend

Central College）擔任教練時，就已經開始這麼做，在印第安納州立大學和加州大學洛杉磯分校時也一直如此。為什麼他要這麼麻煩呢？他不想浪費時間，也不想將球隊的成敗交給運氣，他想透過充分的準備來實現自己的目標。

伍登曾說過：「**我跟大家一樣都歡迎好運，但我會付出極大努力，避免僥倖贏得好結果或對手憑運氣打敗我們的情況。對我來說，運氣或許很重要，但事先規畫絕對更重要。**」[1] 最近我們再次相約午餐時，伍登教練以另一種方式向我表達這個觀點，他說，「約翰，我們從來不會把目光焦點從籃球移開，而去凝視水晶球。」如果你想實現自己的夢想，就要抱持類似的態度，專注你可以做的事情，而不是寄希望於他人、命運或運氣來幫你成功。

閱讀細節，正視現實

專欄作家安．蘭德斯（Ann Landers）曾寫道：「玫瑰色眼鏡從來不是雙焦的。在美好的夢想中，沒人會想閱讀那些務實微小的細節。」（編按：雙焦鏡片能同時提供看遠和看近兩種度數）談到你的夢想時，細節是什麼呢？正是複雜的現實。如果你想實現夢想，就要閱讀這些眾所周知的細節小字。當你這麼做時，會發現以下一些事：

路途會比你希望的時間更長。
阻礙會比你相信的更多。
失望會比你預料的更大。
低谷會比你想像的更低。
代價會比你預期的更高。

面對這一切對你不利的因素，仰賴自己可掌握的條件去逐夢非常重要！

正如任何簽署法律合約的人都不能忽視細節條款一樣，任何擁有自己夢想的人也不能忽視現實。如果你忽視現實，極有可能在追求夢想的過程中，現實會冷酷地阻止你，使你無法再向前邁出一步。

人生的一大無奈是，**你必須了解現實，同時不讓自己的夢想破滅**。這取決於你是怎樣的人以及你的夢想是什麼，可能很難辦到，也可能很容易，完全因人而異。

幽默作家山姆．列文森（Sam Levenson）回憶他父母夢想移民來到美國的經歷，他說：「我的父母是移民，他們受到美國夢的影響，認為街上遍地是黃金。當我父親來到這裡時，他發現三件事：一、街上並沒有遍地是黃金，二、街上根本沒有鋪好的路，三、他應該來鋪路。」

對於列文森的父母來說，他們來到美國後才看清現實狀況。好消息是，當他們面對現實的挑戰時，並沒有打算訂票返回祖國，而是繼續向前，努力工作，為自己創造美好的生活，我希望你也這樣做。

並非每個人都能做到這一點，馬克．吐溫曾說：「先掌握事實，然後隨你任意扭曲都行。」不幸的是，夢想往往對許多人產生了這種影響，我們的渴望可能如此強烈，以致扭曲了對現實的看法。這正是《美國偶像》許多參賽者的情況，他們不願意改變他們自己，或是改變他們的夢想，而是寄望現實會改變以迎合他們。

夢想越是不切實際，你就越可能依賴你無法操控的因素以求實現夢想。關鍵在於平衡大膽的夢想與現實情況。你要勇敢地追求超越你自認為的能力極限，但同時也要基於自身優勢和可掌控的因素來行事。**你越是關注你無法控制的事**，**就越不會致力於改善你能夠掌控之事**，這麼一來，你會開始沉浸在虛幻的世界中。

想要實現你的夢想，不僅要全力以赴，還要確保你已充分發揮長處，這代表要了解自己的能力所在。廣告和公共關係教授凱瑟琳．阿爾斯（Catherine B. Ahles）在擔任麥康姆社區學院（Macomb Community College）副校長時觀察到：「我們二十多歲大部分時間都在探索自己可以做到的無數事物，但三十多歲時開始明白有些事我們永遠不可能辦到。當我們進入四十多歲以後，面臨的挑戰是將自己的能力和局限整合起來，成為我們能做到最好的自己。」[2]我希望本章能幫助你正視自己的能力和局限，在你建構夢想、努力付諸實踐時，為你提供指引。

你的夢想是否基於個人優勢？

正視現實的第一步，你要以務實的眼光看待自己，認清真正的你。精神科醫生兼自尊心議題專家納撒尼爾．布蘭登（Nathaniel Branden）曾說，人的心理發展和動機，最具決定性的因素就是人對自己的價值判斷。他接著表示，自我評價本身對一個人的價值觀、信仰、思維過程、情感、需求和目標都有深遠的影響。

如果有人告訴你，只要你下定決心，就能做到任何事情，而你相信了這種說法，那麼你對自我的評價可能不夠現實。反之，如果有人告訴你，你永遠不會有任何成就，而你也相信了這種說法，那你也是不夠現實。你要承認自己在某些方面欠缺天賦或技能，同時認清自己真正的優勢所在。你必須能夠將這一切整合在一起，發揮長才，熱情地追求你的夢想。你了解自己的實力嗎？你能想像自己善用這些優勢來實現夢想嗎？

波蘭鋼琴家伊格納茲．帕德雷夫斯基（Ignace Paderewski）多次在美國音樂會巡演，有一次一名野心勃勃的年輕女子前來拜訪，她告訴這位知名音樂家自己也有極大的音樂才華。經過多次遊說後，女子成功說服帕德雷夫斯基讓她為他演奏一段。帕德雷夫斯基坐在那裡，忍受著她笨拙而平庸的演出，努力掩飾自己的無聊。

這位年輕女子彈奏完畢後，問道：「接下來我該怎麼辦？」

帕德雷夫斯基嘆了口氣，說道：「去結婚吧！」

他的評論在現今聽起來有點性別歧視，但他的觀點很清楚，這個人不管再怎麼練習都無濟於事，有經驗的帕德雷夫斯基立刻就看出來了，她永遠無法達到音樂會鋼琴家的水準。當一個人的天賦與夢想不相符，而自己未能認清這一點時，永遠也贏不了。

要讓夢想與天賦相符合，首要步驟是找出自己的優勢，這個過程需要時間。老實說，我在職業生涯早期花了大約六年調整我的重心，才開始發揮實力。透過反覆嘗試錯誤和聽從智者的建議，我最終將注意力轉向了正確的方向，發現最適合我的夢想，我日後的成功都是因為做出這樣的調整。我從未見過有人一直在做自己討厭或不擅長的事還可以成功的。成功的人總是熱愛自己做的事，而且做得很出色。

你是否專注於你熱愛之事？你有沒有發揮自己的優勢？基於個人優勢來建構夢想是很重要的，原因如下：

一、發揮優勢啟動最省力法則

當你發揮自身優勢時，你做的事對你來說變得輕鬆自如。最近，我在閱讀《不可錯過的好書！》（*You've Got to Read This Book!*，暫譯）時，看到年輕企業家兼作家法拉・格雷（Farrah Gray）的章節，他說當他讀到狄帕克・喬布拉（Deepak Chopra）在《人生成敗的靈性七法》（*The

Seven Spiritual Laws of Success）一書中提出的「最省力法則」（Law of Least Effort）時，對他產生了不可思議的影響。格雷寫道：

> 最省力法則是關於尋找自己真正的使命和擅長的領域。我第一次讀到這個方法時其實有點不悅。我說：「作者真是傻瓜！我看到我母親這麼努力地工作，他竟然說這和努力不努力無關！」然而，正是當我遵循最省力法則之後，我才開始了真正的成功。
>
> 書中提到，當你跟隨自己的天性，也就是對你而言最自然的事，最省力法則就能發揮作用。如果你明白並遵循這個道理，會變得更容易實現生活目的。我仔細思考過，提出了一些問題來幫助我理解：有什麼事情對我來說容易，而對別人來說卻很難？有哪些事情即使完全沒有報酬，我還是願意長時間投入？根據這些答案，我能做些什麼來幫助身邊的人？[3]

發揮自身優勢這個方法對格雷來說顯然是有效的，他年紀輕輕就成了身價不凡的企業家，在二十二歲時成立Reality Pros，管理價值超過三千萬美元的資產。[4]

演員珀爾・貝利（Pearl Bailey）曾說：「才華有兩種，一種是人為的，一種是上天賜予的。對於人為的才華，你必須付出極大努力。對於上天賜予的才華，你只需偶爾改進一下。」你比較想要哪一種呢？是要努力發展你天賦有限的技能，還是要運用上天已賜予你的才華，看看會有什麼結果？

這正是我一生中一直在努力做的事。我以公開演講聞名，人們經常問我，在面對龐大的觀眾時會不會緊張，或許因為這通常是大多數人的恐懼之一，當我回答不會時，人們感到很驚訝。我演講時非常輕鬆自在，也很享受其中。我喜歡與人建立聯繫，我在台上經常受到新思想啟發，我喜歡教學，為他人增添價值，溝通是上天賜予我的優勢之一。相信我，當我被迫去做我不擅長的事情時，我會滿頭大汗。如果你要我連接DVD播放機到你的電視上，或是更換影印機的碳粉匣，算了吧，這我沒辦法！

當人們發揮優勢，致力於自己擅長的領域時，會覺得工作簡單而輕鬆。然而，若專注的是自己不擅長的領域，就會覺得工作複雜且困難。為了實現你的夢想，必須發揮自己的優勢。

二、發揮優勢能持續有好結果

一個人的夢想不會因為偶爾有優秀表現而成真，**成功不是單一事件，而是一種生活方式。日益表現出色就能實現夢想，也只有在擅長的領域工作才有可能如此。**

舉例來說，我喜歡高爾夫，但這不是我擅長的領域，我只是偶爾能揮出漂亮的一桿，我特別記得一九八七年的那一次！然而，如果我想要靠打高爾夫謀生，那就是痴人說夢。我會像是一個高中棒球選手受邀到大聯盟球隊參加春訓一樣，第一週他寫信回家說：「親愛的媽媽，我在所有打者中領先，這些投手不是那麼難對付。」第二週，他自豪地寫道：「現在的打擊率是五成，看來我會成為內野的先發選手。」然而，到了第三週他寫道：「他們今天開始投曲球，我明天就會回家了。」

如果無法維持出色的表現，你無法成功，如果沒有善用自己的優勢，也無法保持穩定。要實現大夢想，你要利用自己所有的才能，發揮個人天賦會使你做的事情更容易保持傑出。

三、發揮優勢可獲得最高回報

一九四三年奧斯卡最佳女主角得主葛麗亞．嘉遜（Greer Garson）曾說：「**追逐金錢是人生中最大的錯誤，去做你覺得自己最擅長的事，如果你表現得夠出色，錢財自然會隨之而來。**」

成功的人總是將時間、精力和資源投入到自己的優勢領域，因為這麼做能帶來最高的回報。而當他們偶爾違背這種方式時，就會像麥可．喬丹打棒球一樣，結果就是表現平平。籃球是喬丹最擅長的領域，能為他帶來最高回報，大多數人都認同他是有史以來最優秀的籃球運動員之一。然而，做為一名棒球運動員，他只持續了一年，從未晉升到更高的聯盟，打擊率只有二成，並有十一個守備失誤，[5] 這可能不是他希望被人記住的成就。

一個人擁有的某種天賦只有一定的提升空間。據我的觀察，人在某個天賦領域的成長潛力大約是十分當中的兩分，換句話說，如果我在某領域平均水準是五分，透過努力奮鬥，我有可能提高到六或七分，有時候特別優秀的人或許可以提升三分，變成八分。然而，一個人很難在天生只有四或五分的領域實現夢想。如果你想要實現夢想，就需要致力於個人起點為七或八分的領域中發揮，那麼，只要你夠努力，就能有非常卓越的表現！

我相信，每個人都擁有獨特的優勢和潛力，發展美好未來的可能性，只是需要去探索發掘。我曾在一家五金店看過一個標語，上面寫著：「只要你能找到，我們都有。」這個標語也可以應用到你的人生中，你有自己的優勢，但你必須找到它。

你的夢想是否基於日常習慣？

在回答現實問題時，你需要從發揮個人優勢出發，然而這只是一個起點。慈善家 Getty 石油公司創始人保羅．蓋蒂（J. Paul Getty）曾解釋：「想要事業達到頂端的人，必須了解習慣的強大威力，盡快改掉可能毀掉他的那些習慣，並立刻採納有助達到成功的習慣。」這個觀察不僅適用於商場，任何事情也都是如此。夢想成真主要歸功於行為，而行為大多受習慣引導。

我曾讀過心理學家的評估，人高達百分之九十的行為是習慣性的。百分之九十！你做的大部分事情都是例行公事。想想你這星期每天是怎麼開始的，你可能像平常一樣洗澡、穿衣、吃早餐、然後開車上班。如果你跟大多數人一樣，就不會花力氣思考如何做這些事，只是按部就班地做。你開始一天的工作，打掃房子、買菜、看報紙的方式也差不多。你有一套例行公事、固定的習慣，這些習慣影響著你生活從健康、財富到人際關係的各個層面。

好消息是，習慣可以幫助我們做事更有效率，清理思緒，使我們能夠專心思考更重要的事。壞消息是，習慣也可能有害健康，或使我們與夢想背道而馳。想想那些夢想贏得馬拉松比賽卻每天抽兩包菸的人，或是夢想成為時尚模特兒但每天攝取六千大卡又不運動的人，又或者是夢想帶領一支成功團隊的老闆，卻經常侮辱和貶低員工。

希臘哲學家亞里斯多德曾觀察到：「**我們的重複行為造就了我們，所以卓越不是一種行為，而是一種習慣**。」你每天的日常習慣將決定你未來的人生，一個人成功的關鍵存在於每日行程中，成功的人並非意外獲得勝利，實現偉大夢想的人也不是偶然成功。當你長時間以積極、有紀律和專注的方式培養良好的習慣，未來成功的機會就越大。反之，當你長時間養成不良習慣，未來的負面影響可能就越大。

隨著年齡增長，我越來越常看到習慣在人們的生活中發揮作用。習慣具有累積效應，但結果通常要等到人生後期才會顯現出來。如果有不好的習慣，等到發現不良後果時，想要改變通常已經太遲了，正因如此，你要趁早掌握自己的習慣！

演說家兼作家羅勃·林格（Robert Ringer）在《10個成就一生的好習慣》（*Million Dollar Habits*）一書中闡述了積極習慣的影響力：「這個世界充滿了聰明、受過高等教育、能力非凡的人，他們因缺乏成功而一直有挫敗感。還有無數人終其一生努力工作，長時間投入，最終卻一無所有。」他的解決方案是什麼？就是培養正確的習慣，並定期實踐。林格說：

> 請記住，生命只是許多成功年份的總和，成功的一年只不過是許多成功的月份總和，成功的一個月只不過是許多成功的星期總和，成功的一個星期只不過是許多成功的日子總和。
>
> 正因如此，每天都培養成功習慣是最明確的長勝之道。[6]

習慣在實現夢想中扮演著重要的角色，將你引導至特定的方向。你必須坦誠地檢視自己，了解你的習慣會將你帶向何處，**如果你的習慣與夢想不相符，那麼你需要改變習慣或調整夢想**。如果你想堅守自己的夢想，就要努力去改變你的習慣，因為壞習慣絕不會自行消失。

要你去做一些不符合習慣的事，可能會令你不舒服或不自然，像是以下這些小動作：

- 雙手合攏，手指交叉握緊。大多數人這樣做時，總是習慣同一個拇指在上方。現在，鬆開你的手，再次交叉握緊手指，但這次讓另一隻拇指處於上方。是否感覺不太自然呢？
- 交叉雙臂。同樣的，大多數人這樣做時，總是習慣同樣的手臂在上方。鬆開雙臂，再重新交叉，但這次讓另一隻手臂處於上方。
- 拍掌。你自然會偏愛其中一隻手為主要的拍掌手，另一隻手專門接收。現在試著交換。

如果有人要求你從現在起對這三件事改變你通常習慣的做法，你會覺得很奇怪，也很不自在，可能需要下功夫才能改變，這就是你在努力改變生活習慣時的感覺。然而，你必須願意做出這樣的改變。如果你知道長遠來看新的習慣將使你更接近夢想，這樣的努力難道不值得嗎？請將之視為「自我調整」計畫。

你的夢想是否基於你的潛力？

最後，你要根據你真正的潛力來發展你的優勢。人生無法改變自己的起點，這就是你當前的現狀，這是一個事實，你能盡力而為的就是努力改變最終結局。如果你希望最終實現夢想，必須確保你的個人優勢、習慣和潛力是一致的，如果這些沒有朝著同一方向、朝著你的夢想前進，那你就有麻煩了。

如今，我自己和身邊的人都很清楚我的優勢，我擅長領導、溝通、創造和建立人際關係，在這四方面我都能表現得很出色，其他方面則表現平平或很差勁。我的弱點很多，我自己和身邊的人也都很清楚，為了彌補這些弱點，我建立了一個能與我互補的團隊，也發展出一套系統和習慣來幫助我發揮個人優勢，以下是我練習的重點習慣，讓我更接近自己的夢想：

- 我每天閱讀有關領導力的主題。
- 我每天整理有關領導力的檔案。
- 我每天撰寫有關領導力的文章。
- 我每天討論有關領導力的話題。
- 我每天提出有關領導力的問題。
- 我每天培訓人們有關領導力的技能。
- 我每天思考有關領導力的事情。
- 我每天為人們增加領導力的價值。
- 我每天與領導者談論有關領導力的主題。
- 我每天試著培養與領導者的良好關係。
- 我每天努力贏得領導者的尊重。
- 我每天努力為領導者增加價值，而不期望得到回報。

雖然我每天都這樣做，但在短短的幾天、幾週或幾個月內，可能還看不到明顯的結果，但在幾年後，我會看到巨大的成果，在幾十年後，真正開始累積。我為什麼要付出這麼多努力呢？因為我一直夢想要為那些能夠為他人創造價值的領導人增加價值。我的當前狀況、優勢、習慣和個人潛力都是一致的。

我無法告訴你需要培養哪些習慣來實現個人夢想，因為我不知道你的夢想是什麼，也不知道上帝賦予你什麼潛力，但我知道的是：如果你了解自己的優勢所在、盡全力來發揮這些優勢讓自己夢想成真，而且持之以恆，直到這些成為習慣，那麼你實現夢想的機會是非常高的。對大多數人來說，他們面臨的限制並非來自外在，而是源自內心。

讓現實成為你的盟友

他，渴望成為一名指揮家，然而，他的風格相當奇特，在指揮柔和的段落時他會蹲下身子，當音樂漸強時他會跳起來大喊。有一次，他跳起來指揮一段戲劇性的段落，但樂手們沒有反應，是他自己搞錯跳得太早了，樂手經常不看他的指揮，而是看第一小提琴。

他的記憶力不太好，在某一次的演出中，他試圖指揮樂隊演奏他早已經指示要略過的樂章。當他們沒有演奏該段樂曲時，他立刻停止指揮，並大聲喊道：「停！錯了！那樣不行！重來一次！重來一次！」

他的行為有點笨拙，在指揮自己創作的鋼琴協奏曲時，曾經試圖一邊彈奏一邊指揮，結果把鋼琴上的蠟燭撞倒了。在另一場音樂會上，還撞倒一名唱詩班男孩。

樂手們懇求他放棄成為優秀指揮家的夢想，最終，他答應了。他，是貝多芬。從此以後，貝多芬放棄了指揮，專注於音樂創作。

你在面對現實問題時的狀況如何？是否正試圖做一些自己並不擅長的事情？你是否已經整合了自己的才能、習慣、潛力和抱負，以提高成功的機率？還是依賴運氣或其他人來實現你的夢想？如果是，那麼該是時候調整了。

對於現實問題：我能靠自己可控的條件實現夢想嗎？只要你的答案是肯定的，那麼，現實從來不會是夢想的敵人。

你能否肯定回答現實問題：我能靠自己可控的條件實現夢想嗎？

檢視你個人目前的狀況，確保一切有助你實現夢想。請回答下列問題：

- **我的夢想是什麼？**如果你還沒有寫出你的夢想，現在就寫下來。
- **我的起點在哪裡？**明確界定你目前的現狀，如果你遵循第二章結尾的指示，你可能已經描述過這一點了。

- **我的優勢和弱點是什麼？**描述你最重要的三到五個才能。你希望實現任何夢想都必須基於這些優勢。可以將這些優勢畫出一個圓圈，任何不在圓圈內的事都是弱點！你可以利用這幾個優勢來實現你的夢想，其他的任何事情都得依賴你無法控制的因素。請根據現實調整你的夢想。

- **我目前有什麼正面和負面的習慣？**畫出三個欄位，在第一個欄位寫下目前所有對你的夢想有正面幫助的好習慣，在第二個欄位寫下目前所有阻礙你進展的壞習慣，在第三個欄位寫下你需要培養的新習慣以助你實現夢想。如果你對這步不太確定，可以請教一位很了解你又值得信賴的導師，或是在你感興趣的領域有經驗的人，聽取他們的建議。

- **我需要練習這些習慣多久才能發揮我的潛力？**自我評估需要多少努力才能讓你成為能夠實現夢想的人。找一位值得信賴的導師或顧問審視你的評估。

04
熱情問題
我的夢想是否使我非去實現不可？

如果你在做一件興奮、你真正在乎之事，
不需要被推動，願景就會拉你前進。
——史蒂夫．賈伯斯（Steve Jobs）

你有沒有在嘉年華會或遊樂場看過一種叫做熱情測量器的機器？據說能用來測量你的浪漫程度。機器上通常會有一個閃光面板和一個金屬手把，當你握緊手把時，會透過它傳遞一股輕微電流。你握緊手把的時間越長、力道越強，你的分數就越高。

如果我們也能輕易測量對夢想的熱情該有多好！只需要投入一枚硬幣，握緊手把，機器就能預測我們成功的機會！但現實生活並非如此簡單。重點是要想清楚：我的夢想是否使我非去實現不可？這問題可能難以回答。你怎麼知道自己有足夠的熱情促使你去追求夢想呢？

對於任何想實現夢想的人來說，熱情都是必不可少的元素。為什麼？因為它是所有成就的起點。我從未見過在少了熱情渴望的火花的時候，世界上有任何人在任何時候的任何地點可以實現任何有意義的事！熱情提供能量，使夢想成為可能。你可能會問：「那你為什麼沒有將熱情設為本書第一章的主題呢？」我告訴你：雖然很多人都說熱情是夢想的一切，但這並不是真的。光有熱情是不足以讓你實現夢想的。熱情只是十個問題的其中之一，你必須能夠肯定回答所有問題才能成功。然而，面對熱情問題，如果你不能給予肯定的答案，可能會在實現夢想之前就失去動力了。

任何追求夢想的道路都充滿了曲折、阻礙和失望。不幸的是，許多人在這條路上遇到了這麼多的困難，致使夢想就此夭折，因此，擁有熱情是非常重要的。熱情會讓夢想保持生機，即使在困難時刻也能激勵你。因此，丹麥哲學家索倫．齊克果曾經說過：「如果我可以許下任何願望，我不會希望得到財富和權力，而是希望對潛力感到熱情，和看到潛力的眼光。尋歡作樂有時也會失望，但可能性永遠不會。」

熱情提供追求夢想的動力

熱情是什麼？這是一股熱忱，不僅賦予你當下能量和專注力，還賦予你持續邁向未來的力量，提供你追求夢想的**動力**。套用專欄作家威爾．霍布斯（Will Hobbs）的話來說，無論你是誰、身在何處、年齡多大或多小，熱情都有可能使你一早醒來就充滿活力，立刻起床去做那些你熱愛、相信且擅長的事——這些事情對你意義重大，你迫不及待地想要在今天再次投入其中。

如果我必須以最簡單的方式來說明，我會說熱情有三個重要的作用：

一、熱情激勵我們，使我們有能力克服逆境

每當你試著完成一件有意義的事，都會面臨困難，熱情可以幫你克服逆境。二〇〇七年七月，我在南非約翰尼斯堡為瑪克斯瑪全球諮詢公司（Maxima Global Consulting）演講。雖然飛往約翰尼斯堡的旅程很長，但這次會議經歷讓我非常愉快。活動第二天，我有機會坐下來與籌辦者交談。該公司的集團執行長塔莉塔．博伊胡特索（Thalita Boikhutso）是人才培育方面有十年經驗的資深老手，負責這次活動。對話中，她一直提到她「實現夢想」，我請她說明意思，她說，前一年她向公司提出一個新的領導力發展理念，希望能舉辦國際領導力活動。

「我在二〇〇六年做了一個決定，」她說，「那就是每年我都會至少完成一件大事，讓自己和國家的許多人都能成長。我對『大事』的定義是什麼呢？對我來說，是我認為不可能實現或一些高風險的事。麥斯威爾博士，邀請你到南非參加這次活動，就是我二〇〇七年下定決心要完成的大事。」

她繼續描述她為了籌辦這次會議必須克服的許多障礙，例如，她得承諾用自己的錢來賠償公司損失，才說服了她的事業夥伴同意。未得到其他企業贊助時，她也沒有放棄。她的熱情支

撐她度過難關，並贏得團隊的支持。

「在會議之前，很多人知道這項活動對我和我們公司代表什麼意義，但很少人了解這對他們及其組織的重要性。」塔莉塔說，「到會議結束時，許多人後悔沒有邀請朋友、家人和更多的組織成員來參加。許多人希望會議能再多舉行一天，或希望自己能在不久的將來舉辦類似的會議；許多人對會議的整體體驗給了一個總結：好極了。過程很漫長，但最終得到的好處卻是無價的。對我來說，這就是實現夢想！」

夢想最令人振奮的部分在於初始階段，我們都曾經感受過孕育夢想的興奮，看到各種可能性，憧憬著美好的未來。我們或許能享受到朋友的支持，希望我們成功，然後……開始行動。我們很快就發現，從孕育夢想到付諸實現之間，需要付出很大的努力！正如新手父母都會發現的，養育小孩比生孩子更困難。

是什麼支撐你度過困難時期？什麼給予你克服逆境的力量？正是熱情！詩人威廉・亞瑟・沃德（William Arthur Ward）認為成功的關鍵在於：

在別人懷疑的時候相信。

在別人享樂的時候計畫。

在別人睡覺的時候學習。

在別人拖延的時候決定。
在別人做白日夢的時候準備。
在別人拖延的時候開始。
在別人許願的時候工作。
在別人浪費的時候節約。
在別人說話的時候傾聽。
在別人皺眉的時候微笑。
在別人批評的時候讚美。
在別人放棄的時候堅持下去。[1]

能讓你相信、計畫、學習、決定、準備、開始、工作、節約、傾聽、微笑、讚美和堅持下去的動力是什麼？答案是熱情！

二、熱情推動我們前進，使我們主動出擊

想要成功人生，我們必須堅守個人優勢領域，同時也要不斷挑戰自己的舒適圈。想一想，你曾經在舒適圈內取得過重大成就嗎？我敢說答案是否定的。

大多數人都不喜歡走出舒適圈，我們會心存抗拒，我們喜歡安全和穩定，不想讓自己出醜，也不想面對失敗。隨著年齡增長，我們自然而然變得更加滿足現狀，這成了一大問題，因為自我滿足會扼殺熱情，使我們變得平庸，剪斷了我們的翅膀，讓我們不管有多麼渴望都無法展翅高飛，使夢想變得遙不可及。

要成功實現夢想需要積極主動，需要我們勇敢冒險。劇作家蕭伯納曾說：「我受夠了所有理智的人，他們會找出一切不願行動的理由。」熱情使我們變得不理智，使我們離開舒適圈，跨越自我懷疑的門檻，把我們推出門，踏上逐夢的旅程。

三、熱情我們處於有利位置，給予我們最大的成功機會

傳教士醫生史懷哲觀察說道：「**成功不是快樂的關鍵，快樂才是成功的關鍵**。如果你熱愛自己做的事，你就會成功。」當我們擁有熱情，並允許自己勇敢追隨時，會讓我們在生活中處於有利的位置，為成功打下基礎。如果我們忽略熱情，可能會陷入困境，對自己毫無益處。正如企業執行長理查・埃爾德（Richard Elder）的建議：

保守的生活通常會在日後感到懊悔，每個人都有自己的天賦和夢想，有時候這兩者可能尚未配合起來，然而，我們往往在弄清楚之前，就先讓步或妥協。日後即使略有所成，我們

也常常回顧過去，遺憾當初應該更努力地追求真正的夢想和天賦，那時我們本應充分發揮夢想和天賦全部的價值。不要受外界影響，認為自己的夢想或天賦不切實際，這些從來不是為了合乎現實而存在的，而是為了帶給你的生活快樂和滿足感。[2]

世界上大多數人並未投身他們的熱情所在，因此感到沮喪和不快樂，這從他們的生活態度中可見一斑。出版人邁爾康・富比士（Malcolm Forbes）明確表示：「人生最大的錯誤，莫過於沒有試著利用自己熱愛的事謀生。」結果，他們只好忍受自己的工作而不是充分利用，工作只是為了迎接週末，努力撐到退休。這實在是很可惜，因為人的成功機會與工作帶來的快樂程度成正比。當人們選擇安於現狀時，會讓自己處於困境之中，而追隨自己的熱情時，則使自己處於有利位置。

洛杉磯道奇隊退休總教練湯米・拉索達（Tommy Lasorda）在一次廣播訪談中展現了他對棒球的熱情。他的球隊在國家聯盟季後賽中遭受嚴重挫敗，雖然輸了球，他仍然熱情洋溢地談論著比賽，主持人驚訝地問他，在輸掉這麼重要的比賽後，怎麼還能如此樂觀開朗呢？

「我人生中最美好的一天是我帶領球隊贏得比賽時，」拉索達回答，「而第二美好的一天則是我帶領球隊輸掉比賽時。」這位經驗豐富的總教練對棒球充滿了熱情，他參與比賽的每一天都是他實現夢想的日子。

當天賦被激發出熱情時，夢想就會成真，對你最好的生涯規畫建議，就是發掘你的熱情並勇敢追隨。當你將夢想變成志業時，生命中大部分的時間都會感到滿足。作家羅根・皮爾薩爾・史密斯（Logan Pearsall Smith）觀察到：「**人生中有兩件事情值得追求：首先是獲得自己想要的，然後是享受自己擁有的，只有最智慧的人能實現第二個目標。**」[3]

熱愛吉他的人

有一個人已經得到了他想要的，並且確實享受這一切，那就是鮑伯・泰勒（Bob Taylor）。我一九八〇年代初在聖地牙哥管理天際衛斯理教會時遇到了鮑伯，他在敬拜團隊中彈奏吉他。我對他的第一印象是友善、聰明也很冷靜，但是一聊到吉他話題，他就會變得極為熱衷。鮑伯是泰勒吉他（Taylor Guitars）的創辦人兼總裁，製作吉他是他的終身事業和熱情所在。

鮑伯從小就對兩件事情深感興趣，第一是了解事物的運作方式。他說，年幼時他「玩」玩具的時候總是少不了螺絲刀和扳手，無論他在聖誕節那天收到什麼玩具，到了十二月二十六日都免不了被拆解的命運。「對我來說，電動火車只有在讓我們了解電動馬達運作原理時才是有趣的，我不明白光是看著火車不斷地繞圈圈有什麼意義。」鮑伯說。

鮑伯的另一個興趣是吉他。他在九歲時以三美元的價格從朋友那裡買下了他的第一把原聲吉他，不久後他就開始動手調整。十歲時，他把吉他頸部鋸掉，試圖改造成一把電吉他，他並沒有成功，但小小年紀，他就樂於嘗試製作各種玩意兒。

初中和高中時，鮑伯在工藝課上表現出色，連續兩年贏得加州工業藝術博覽會（California State Industrial Arts Exposition）金屬工藝項目的冠軍。十一年級的時候他轉到木工課，將目標設定在一個連他老師都無法完成的項目：製造一把十二弦吉他。他花了將近一年的時間，最後終於做成。

接下來的一年，鮑伯在課餘時間另外製作了兩把吉他。此後，他便知道自己這輩子要做什麼。他立刻告訴父母，他不打算上大學，而是要成為一名吉他製造師，他母親哭了，擔心他不會成功。但人要想成功，不一定要遵循傳統路線，而是需要追隨自己的熱情。

一九七三年九月，在高中畢業三個月後，鮑伯就在一家名為「美國夢」的小型獨立嬉皮吉他製造店工作，那裡每位工作人員都是半獨立的承包商，他的表現立刻讓人留下深刻印象。另一位吉他製造師這樣形容鮑伯：「他高中畢業後就加入我們，他的工作速度和品質讓每個人都刮目相看。他一直埋頭苦幹，有一種追求卓越的動力，這是我以前從未見過的。」[4]

鮑伯開始運用店主的一些工具，以及他在高中金屬工作室自己設計和製作的工具。他在工作中獲得了知識、速度和經驗。

「我花了一個月製作出第一把吉他，時間實在太長了。」鮑伯回憶說：「每一把吉他只能賺幾百美元，如果我一年只做十二把吉他，根本無法謀生。那時，我認為最需要改進的工具就是我的雙手和思維，所以我努力提升自己的技能和態度。我開始學會如何利用自己的雙手，更有效率、更出色地製作吉他。在我的職業生涯後期，我也開始利用工具來加速製作過程。」[5]

鮑伯努力工作，不斷嘗試新的製作技術。他對打造精湛吉他的渴求隨著每個項目而增強，他發現整個過程非常吸引人：「沒有什麼比賣出一把自己製作的吉他更有成就感了。」[6]

從做吉他的人變成企業主

大約一年後，這家店由於長期虧損，老闆決定出售。兩名在那裡負責修吉他的年輕人決定提出報價，其中一位名叫科特．利斯圖格（Kurt Listug），他的父親建議他增加一位真正懂得如何製作吉他的人成為第三位合夥人，鮑伯是店裡最優秀的人才，因此科特邀請他加入。一九七四年十月，他們三人買下這家店開始經營，由於鮑伯是吉他製造師，他們便決定以泰勒做為樂器品牌名稱。

在接下來的一年左右，他們都非常努力工作。鮑伯是主要的製造者和設計師，負責購買製作吉他的原木材，他還開發了新的製造技術和設計，例如螺栓式頸部，必要時他甚至自己設計和製造工具，他也積極地和其他的吉他製造商和維修人員交流，不斷努力學習。

科特．利斯圖格則努力管理業務，也會在店裡幫忙。然而實在太過艱難，尤其在財務方面。

接下來的十年裡，他們一直在苦苦支撐，多次貸款以維持營運。剛開始的那幾年，他們自己完全沒有支薪。對鮑伯來說，一九七七年合夥人終於決定支付每週十五美元的薪水是一件大事。不幸的是，薪水支票經常沒有兌現，因為他們知道銀行帳戶裡沒有足夠的錢來支付。一九八三年，鮑伯和科特買斷了第三位合夥人的股份，因為他對這個事業不再懷抱熱情了。

儘管面臨可怕的財務困境，鮑伯仍然熱愛這份工作。當他在店裡的時候一直在製作吉他，即使人不在店裡，一心也想著製作吉他的事。「我對缺乏資金感到壓力重重，但白天我其實很開心，因為我可以製作吉他，活出我的夢想。」鮑伯接著說：「對我來說，吉他需要被賣掉的真正原因，就是為了讓我能夠繼續製作下去，我只擔心我們會倒閉，我就得被迫去找一份我討厭的工作。」[7]

熱情終於得到回報

一九八〇年代中期，儘管原聲吉他在音樂界不再流行，但情況開始逐漸好轉，公司每週的吉他生產數量達到二十二把，而科特．利斯圖格也成功說服樂器行購買他們吉他，這是他們首次出現盈利。支撐他們走過困境的就是熱情，不斷地推動著他們的夢想！指彈吉他冠軍克里斯．普羅克特（Chris Proctor）評論：「鮑伯一早醒來就想著如何做出更完美的吉他，科特一早醒來就想著如何讓公司成長。」[8]

如今，泰勒吉他是全球最成功的樂器製造商之一，該公司以樂器設計和製作方面的創新而聞名。憑藉鮑伯對吉他的熱情、卓越的知識，以及設計和製造工具的能力，該公司開創了利用電腦控制的銑床技術，發明環保的表面塗層處理方法，並發展出一種製作技術，有助於保護日益供應有限的稀有木材。同時，員工生產的吉他展現出精湛的工藝和極高的一致性。公司有了驚人的成長，如今，泰勒吉他公司有超過四百五十名員工，每年生產超過七萬二千把樂器。[9]

更令人驚奇的是，泰勒吉他也因樂於和其他製造商分享專業知識而聞名。為什麼？因為鮑伯熱愛吉他也是製作吉他的人。他記得自己在早期初學的時候，其他的吉他工匠是多麼大方和樂於助人。「從那時起，我就覺得我應該像那些製作工匠一樣，慷慨分享我的知識。」[10]他說：「我認為，在我離世之後人們會說，『他使吉他世界變得更美好了』，我就心滿意足了。能讓後世這樣懷念也是很不錯的。」[11]

評估熱情程度

那麼，你對自己的夢想有多大的熱情呢？你是不是像鮑伯一樣，從一早醒來到晚上入睡時，都在想著自己的夢想？即使無法以此謀生，你是否還願意全力追求？你是否願意堅持不懈，不斷提升自己的技能和態度超過十年，直到他人認可為止？即使現在成了全球最成功的吉他製造商，鮑伯．泰勒仍然在努力尋找製作吉他更好的新方法，毫不鬆懈。近年來，這家一直專門製作原聲吉他的公司開始發展創新的電吉他。真正令人驚歎的是，即使有著強烈的熱情和專注力，鮑伯還是個顧家的好男人，維繫婚姻超過三十年！

實現夢想的人對「熱情問題」的答案是肯定的，他們強烈渴望追隨自己的夢想，絲毫不在乎別人的眼光。就像鮑伯在高中製作第一把吉他時，有人認為他很奇怪、試圖打擊他的信心。

「嘿，泰勒，你在做什麼？」他們會問。

「我在做一把吉他。」他回答。

「才怪！他以為他在做吉他，其實根本不是，他永遠不可能完成的。」眾人譏笑。

「好吧，不是就不是。」鮑伯會這麼回答，然後繼續工作，「挺奇怪的，但我並不在意，因為我習慣被視為特立獨行的怪人。」鮑伯說。[12]

你如何衡量自己的熱情？本章開頭我們提到熱情測量器，你在談論自己的夢想時得分是多少呢？參考下列量表，可以用來衡量一個人對任何特定主題的態度：

熱情量表

10 我的熱情如此熾熱，能點燃別人的熱情。

9 我無法想像沒有夢想的人生。

8 我願意為了夢想犧牲其他重要的事。
7 夢想激發了我的熱情，經常讓我全神貫注。
6 我將夢想視為眾多興趣之一。
5 夢想對我來說可有可無。
4 我寧願不去想夢想。
3 我會盡一切努力避免夢想。
2 我已將夢想列為我最不喜歡的事情之一。
1 我寧可接受沒有麻醉的根管治療也不要夢想。

我試著衡量鮑伯．泰勒對吉他的熱情，我認為他得到了10分。我不是音樂人，但每次和鮑伯聊到吉他時，他甚至能讓我振奮起來，他的熱情令人印象深刻。

那麼，我的熱情是什麼呢？就是為領導者增加價值。我一直都在思考這個問題，為了學習領導力，我在生活許多方面都有所犧牲，過去二十年來，我一直專注在這個領域上。當我談論領導力時，其他人也會被我激發熱情，這是我熱愛且全心投入的事。我在教授領導力時，內心深處總想著，這就是我存在的目的！

想一想你的夢想，再看一下熱情量表，哪一個描述最符合你？如果你的得分低於8分，你的夢想可能陷入困境。願意犧牲只是擁有足夠熱情去實現夢想的起點，若不夠，可能難以堅持下去。這也點出了熱情的另一個重要面向：持久力。**對夢想充滿熱情是不夠的，你還得讓那股熱情延燒下去**。你可能會和大多數人一樣，需要追隨自己的熱情很長一段時間，才能得到外界的認可或回報。

點燃熱情的四個方法

如果你的熱情程度達到8、9或10分，你正處於不錯的狀態。但如果不是，代表你注定要失敗嗎？如果你對追求夢想的熱情不是很高，就永遠無法實現夢想了嗎？未必如此。當然，有可能是你沒有追求正確的夢想，要重新審視夢想的歸屬和現實問題。然而，你也可能走在正確的道路上，但仍然缺乏足夠的動力來實現目標。如果你發現自己處於這種情況，還是可以採取一些措施點燃熱情。嘗試以下這些方法，可以為你提供更多前進的動力：

一、考慮你的天生性格

每個人都不一樣，也許你本身性格是屬於深思熟慮特質（做事喜歡一絲不苟）或淡定特質（重視平靜），你可能不是天生熱情或表露情感的人，那也沒關係，只要將性格納入考量即可。

我的撰稿人查理・韋澤爾（Charlie Wetzel）具備這兩種性格特點，因此他不是那種會對自己在乎之事歡呼雀躍或激動不已的人，然而他以十足的毅力彌補了這點不足。在過去的十四年中，他和我一起合作完成超過四十五本書，沒有堅持不懈的毅力是辦不到的。如果你像查理一樣，或許也能發揮像那種個性具備的頑固堅韌特質。

反之，也許你的性格是樂觀特質（喜歡有趣的事情）或積極果斷特質（希望按照自己的方式做事），你可能會對任何自己在乎的事都非常熱情。然而，你也可能很快對事物失去興趣，你的熱情雖然強烈，但維持不久。這是我的性格特點，容易對一件事感到非常興奮，但也會很快轉向下一件大事。這一點也是需要考慮的。

最重要的是，維持你熱情的方式就像烹調不同部位的牛肉一樣，比如菲力牛排最適合大火快速烹調，而肩胛部位的牛肉則適合小火慢燉。無論哪一種，只要知道肉的性質和適當的烹飪方式，你都能做出美味的食物。

二、持續關注對你重要的事

我讀過最棒的領導力書籍之一，是由詹姆士・庫塞基（James Kouzes）和貝瑞・波斯納（Barry Posner）合著的《模範領導》（*The Leadership Challenge*），作者問到美國陸軍少將約翰・史丹佛（John H. Stanford）如何培養領導者，史丹佛回答道：

每當有人問我那個問題時，我總是會分享我認為的人生成功祕訣，那就是維持熱愛的感覺。愛能給你火苗去點燃其他人，洞察他人的內心，比別人更渴望完成任務。一個沒有愛的人真的提不起勁推動自己前進，並帶領其他人實現目標。我不知道生活中還有什麼比愛更令人振奮和更積極的感受。[13]

史丹佛體悟到，他必須保持熱情，把這份愛放在首要位置，否則他將無法有效地領導他們。很多人都做不到這一點，忽視了對自己真正重要的事，結果火苗逐漸熄滅。

如果你覺得對自己的夢想缺乏熱情，回想對你而言最重要的事，以及一開始追求夢想的初衷，只要你將這個念頭牢記在心，就更容易讓熱情之火生生不息。

三、擺脫與眾不同的恐懼

我之前提過鮑伯．泰勒和他的同儕不同，他的高中同學經常無法理解他，而你可能也會覺得很驚訝，他在十九歲去吉他店工作時，也是顯得格格不入，他當時的同事回憶說道：「鮑伯和店裡的每個人都不一樣。除了我和老闆山姆之外，他是唯一一個不是長髮嬉皮的人。」[14] 鮑伯不在乎自己與眾不同，他還是追隨了自己的夢想。

在我的職業生涯早期，我感覺自己是個局外人，從來不覺得自己融入工作中去認識其他人，我從未成為「團隊中的一分子」，起初那讓我感到很困擾，但我相信自己的使命，想要建立一個有影響力的教會，我堅持不懈地向前，花了多年時間，最後終於成功了。後來令我驚訝的是，人們開始來找我尋求建議。

實現夢想的人總是與眾不同。你不能期望和眾人一樣，同時又想達成自己的夢想。如果你想過著非凡的生活，做一些非凡的事情，就要追隨內心的熱情，而不必擔心別人對你的看法。

四、不因年齡增長而冷淡

孩子天生充滿熱情、精力充沛，他們熱愛生活，夢想很大。有些人能保持這種熱情和活力一直到童年晚期或成年初期。然而，到了某個階段，大多數人失去對生活的熱情，變得越來越冷淡，也許是因為失去了理想，或是因為衝突和日常挑戰讓他們感到沮喪，不管怎麼樣，熱情漸漸消逝。許多人安於舒適但沒有成就感的日常生活，最終放棄了夢想。

不要讓這種情況發生在你身上，無論你面臨什麼挫折或困難，千萬不要讓這些事消磨你的熱情。即使是那些經歷過悲劇的人，也能在其中找到意義。在人生的各個階段，都會遇到阻礙、優勢、挑戰和勝利，如何積極地看待一切，不受負面情緒打擊，完全取決於你。比方說，我現在已經六十多歲了，我發現我的精力比以前不足許多，一開始這讓我很煩惱，因為我不想放慢腳步。但如今我充分利用自己的休閒時間，享受更多與家人相處的機會，包括我的五個孫子孫女。現在是我生命中最快樂的一段時光。

那麼，你如何回答熱情問題呢？你的夢想是否讓你有強烈追求的渴望？如果沒有，你是否願意付出必要的努力，提高你的熱情，幫助你克服困難，並長期堅持下去？

光有熱情不足以使夢想成真，但我認為很少有比熱情更重要的事。做你熱愛的事，熱愛你做的事，能夠提供源源不斷的動力持續前進。這可以改變你的思維、工作方式，以及與他人的互動模式，熱情有著改變你的力量。正如作家兼評論家約翰．羅斯金（John Ruskin）觀察到的：「**當熱情和才能共同發揮作用時，敬請期待傑作出現。**」這難道不是你想要的人生嗎？

你能否肯定回答熱情問題：我的夢想是否使我非去實現不可？

如果你缺乏追求夢想的熱情，就必須解決這個問題，才能在人生中取得成功。

- **你是否因為沒有真正擁有自己的夢想而缺乏熱情？**如果是，請抽出時間反思、自我檢視，重新思考歸屬問題，並確定這是否真的是你的夢想。
- **你是否因為夢想不夠清晰而缺乏熱情？**如果是，請想像一個清晰的願景，然後以書面形式表達出來。

- **你是否因為夢想不符合天賦和才能而缺乏熱情？**對無法成功的事保持熱情並不容易，確認你的夢想是否基於個人天賦和你能掌控的範圍內。
- **你本身的性格是否掩蓋了你的熱情？**如果你是那種不容易表露情感的人，試著喚起你的使命感，保持專注，發揮你天生的毅力，維持你已有的熱情。
- **你是否因為害怕與眾不同而壓抑自己的熱情？**如果你擔心自己與眾不同，可以閱讀那些在相似領域實現夢想的名人傳記，了解你與榜樣的相似之處，或許能從中得到鼓舞。
- **你的熱情是否隨年齡增長而減弱？**如果年齡使你對夢想的熱情逐漸消失，你需要判斷這個夢想是不是人生不同階段的產物，是不是還值得你投入時間和精力。想想你追求夢想的初衷，回憶當初的理想可能會再次點燃你的熱情。如果不行，也許該根據目前的人生階段來調整夢想了。

每個人都有能力發掘並駕馭熱情的力量，無論年齡、人生階段或性格如何，對夢想而言永遠不會太早或太晚。

05
途徑問題
我是否有實現夢想的策略？

我們必須想辦法積極地參與生活，我們必須主宰自己的命運，
設計充實有內涵的人生，真正開始實現我們的夢想。
——萊斯．布朗（Les Brown，美國勵志演說家）

幾個月前，我看完一場NFL足球比賽之後，與一群朋友共進晚餐。他們大多數都是三十多歲，而已經六十歲的我算是這個團體中的老前輩，所以我決定問問他們對足球、政治和夢想的看法。我的其中一個問題是：「如果你可以做一件事改變這個世界，你會做什麼？」有些人以前從沒想過這個問題，覺得很難回答，有些人則表達了複雜而崇高的目標。

在眾人分享了他們的回答之後，有人問道：「約翰，你會做什麼呢？」

這個問題我已經思考過了，我的回答是，我會教導世界上每一個孩子讀書，我相信閱讀能力可以打開通往一切學習和個人成長的大門。

擴大夢想的潛力

最近我讀到一篇文章，有個人也一直在思考如何透過幫助兒童學習而改變世界，值得讚揚的是，他不僅僅是在夢想，也在努力付諸實踐。他的名字叫尼古拉斯・尼葛洛龐帝（Nicholas Negroponte），他在麻省理工學院攻讀建築學，專注於電腦輔助設計的開創性領域。他在取得學士和碩士學位之後，於一九六六年加入麻省理工學院的教學團隊，從那時起，他便一直參與運用電腦的創新計畫。[1]

我必須承認我不是熱衷科技的人，我寫作都是用筆和法律用紙。然而，我偶然讀到一篇引起我興趣的文章，是關於一款價值一百五十美元的 XO 筆記型電腦，旨在幫助發展中國家的兒童學習，這是由尼古拉斯・尼葛洛龐帝創立的。

一九八二年，尼葛洛龐帝接受法國政府的邀請，參與一項在發展中國家使用電腦的實驗計畫。[2]利用賈伯斯捐贈的一些電腦，尼葛洛龐帝等人與塞內加爾的兒童合作。該計畫成果有限，但那次的經歷播下種子，最終衍生出「一童一電腦」（One Laptop Per Child，簡稱 OLPC）的倡議，旨在為全球發展中國家的兒童創建低成本電腦的計畫，甚至包括沒有自來水、電力或電話服務的地方。

尼葛洛龐帝夢想建造一種創新、堅固耐用、又簡單的低階電腦，能夠在惡劣環境中承受衝擊，能夠自動和其他同類型的電腦連接網路，也不會太耗電（甚至可以用太陽能或手動發電），所有內建軟體都開放原始碼，代表不受版權保護，可以被任何人使用、存取和修改，這個概念被稱為「百元電腦」（$100 laptop）。

憑藉他四十年的創新經驗，尼葛洛龐帝具有促成製造這種電腦的能力和人際關係。但真正吸引他的並不是技術，而是能夠幫助到的對象。正如他經常對人說的：「OLPC是個學習計畫，而不是筆記型電腦建造計畫。」尼葛洛龐帝的觀點體現在OLPC的願景聲明當中：「任何國家最寶貴的天然資源就是兒童，我們相信新興世界必須善用此資源，發掘兒童天生的學習、分享和自主創造能力。對於這個挑戰我們的答案是XO筆記型電腦，一種專為『自主學習』而設計的兒童電腦。」[3]

二〇〇六年，尼葛洛龐帝辭去在麻省理工學院媒體實驗室主席的職務，以便將餘生奉獻給他的夢想，看到兒童成長，並發揮他們的潛能。

尋找成功的途徑

有些人立刻批評尼葛洛龐帝的夢想，英特爾（Intel）的董事長克雷格．巴雷特（Craig Barrett）評論說：「尼葛洛龐帝先生稱它為百元電腦，我認為更現實的名稱應該是『百元小玩意兒』。問題在於小玩意兒並不成功。」[4]有些人則認為尼葛洛龐帝過於理想主義。然而，他堅定不移地向前邁進。

為了實現他的夢想，尼葛洛龐帝需要制定一個策略來完成三件事：一、設計電腦，二、低成本生產，三、以成本價銷售給發展中國家，交到世界各地兒童手中。[5] 第一件事是最容易達成的，儘管他的團隊遭遇了一些挫折和延誤，但還是很快地取得進展。他們找到一家製造商之後，克服了第二個障礙。

那時，尼葛洛龐帝以為其他一切都會很快就定位，但他嚴重低估了第三個任務的難度。他計畫直接與幾個重點國家的教育部合作：泰國、埃及、奈及利亞、巴西和阿根廷。他沒有聘請銷售和行銷團隊，但他打算說服這些國家在第一年購買七百萬至一千萬台筆記電腦。他認為一旦第一批電腦就位，世界其他地區就會跟進，第二年他們將銷售一億到兩億台電腦。

事情沒有按照計畫發展。訂單並沒有湧入，他們需要協助，OLPC 需要從夢想家轉變成策略執行者。因此，他們尋求了位於邁阿密的移動設備製造商和批發商 Brightstar 的幫助，該公司在另一個倡議計畫上曾與 OLPC 合作過，對於尼葛洛龐帝及其同事不熟的領域有豐富的經驗。尼葛洛龐帝承認：

（OLPC 總部）辦公室大多數員工的經驗無法勝任這種轉變，我們擅長新的想法、顛覆現況等等。正因如此，我們基本上將所有屬於銷售和市場行銷的業務轉移到邁阿密，那裡的人在這方面有豐富的經驗，包括整個物流運作，基本上從工廠生產直到學校教室門口……這些策略性的過程都是交由那些西裝筆挺、熟悉政治界或商業界的人來負責處理。[6]

尼葛洛龐帝沒有放棄他的夢想，他調整他的策略，願意採取一切必要的行動。就像作家兼科技記者羅伯特．布德里（Robert Buderi）觀察到的，尼葛洛龐帝具有「才能、人脈、精力和勇氣去實現夢想，他是一個富有的人，出生在一個有影響力的家庭。如今他六十三歲了，身為麻省理工學院媒體實驗室的創始人，他已經成名。然而，他並沒有因此閒下來享受輕鬆生活，而是全力以赴實現一個改變世界的夢想。」[7]

在我撰寫本章之際，他還沒有達成這個目標，但他仍在努力。這些電腦的大規模生產始於二〇〇七年十一月。十二月，秘魯訂購了二十六萬台，[8]另外十九萬台是透過美國的一個計畫購買的，購買者可以自己買一台XO，並將另一台捐贈給發展中國家的兒童。

你的計畫是什麼？

你有實現夢想的策略嗎？你如何回答達成夢想的途徑問題？你有在努力找出答案嗎？還是在等待像仙女教母一樣的人來幫助你？如果你像迪士尼電影中的一些動畫角色一樣，向星星許願，然後期望夢想成真，那麼你會很失望！

人如果沒有夢想是很悲哀的，空有夢想卻沒有實現的策略，沒有辦法攀登夢想的高峰或建立夢想基礎，也同樣可悲。多年來，我一直努力成為夢想推動者，我天生是一個鼓勵者，我喜歡激勵人去夢想，因為我相信太多人生活中設定的目標太低了。然而，我有時候與人交談，要求他們分享夢想時，我發現他們在自己所處的位置與想去的地方之間缺乏連結。

對於他們描繪的遠景，我會回應說：「那是一個偉大的夢想！」然後我會問：「你打算如何實現呢？」有些人回答不出來。如果像麥可．海亞特的情況一樣（參見第二章），夢想是全新的，才剛開始制定策略，那可以理解。但如果我在六個月、一年或五年後見到他們，還是沒有策略，那就麻煩了，他們沒有從夢想家轉變成執行者。

擁有夢想本身並不具備神奇的力量，你不能只是等待夢想實現，你必須付出努力，而且，你需要一個能提供努力方向和重點的策略。我撰寫本書的目的就是為了讓你有實現夢想的現實機會。請記住，你對個人夢想的十大問題回答「是」的次數越多，實現夢想的機會就越大。途徑問題是整個理念的樞紐，如果你有實現夢想的策略，就會有很好的機會使之成真，如果沒有，就等於是生活在幻想世界中。

最近一位朋友告訴我一份培訓機構 ThinkTQ 於二〇〇五年發表的研究報告，結果顯示人們很少制定實現夢想的策略。以下是該研究對受試者的發現：

- 26%的人會專注於生活中追求的具體明確的目標。
- 19%的人會設定與個人目的、使命和熱情一致的目標。
- 15%的人會寫下所有具體、可衡量的目標。
- 12%的人會對每個重要的興趣和人生角色保持明確的目標。
- 12%的人會確定每日、每週和長期的目標，並設定完成期限。
- 7%每天採取行動，以實現至少一個目標。[9]

這項研究的作者評論說，「美國人再次在此關鍵領域的表現中獲得低評分。簡單來說，他們未能堅定地採取必要的行動，將夢想和願景從內心和腦海裡轉化為日常生活。」大多數人未能採取行動來實現夢想，而這種失敗絕大多數是因為缺乏策略計畫。

如何鞏固（SECURE）你的夢想

英國小說家瑪麗・韋伯（Mary Webb）建議：「在你馳騁夢想之前，先安上好馬鞍。」這是什麼意思呢？這代表我們需要事先計畫，策略和夢想本身一樣重要。大多數人都認同計畫很重要，但還是會忽略這一點，忘了將計畫納入過程。我們常陶醉於夢想願景，忽略制定策略。

本章的主要目標是幫助你制定計畫，由於每個夢想都是獨一無二的，我無法給你具體的細節，然而，我可以提供一套制定計畫的方法來協助你。以下是我採用的方法，以「SECURE」這個縮寫字為基礎，希望你覺得好記又有幫助。

State 確立所有位置

追求夢想的過程就像使用全球定位系統（GPS）到達目的地一樣，如果知道你目前的位置，以及想要抵達的目的地，GPS會為你生成路徑圖。你和GPS之間的區別在於，你必須自行建立所有的路線規畫。美國小說家馬克．吐溫宣稱：「**取得領先的祕訣在於開始行動，而開始行動的祕訣在於將複雜的大事拆解成一件件容易處理的小事，然後從第一件事開始做起**。」

我在制定實現夢想的計畫時，都會先確立我在整個過程的位置：

一、**我目前的位置**。我會先自問，我目前的位置在哪裡？我必須對自己的現況誠實以對，忽視個人的現實狀況不可能成功。如果我不確定我目前處於夢想的什麼位置，我會請教能夠幫助我弄清楚的人。

奇異公司前執行長傑克．威爾許觀察到：「策略規畫首先是去了解你在當今世界的定位，不是你希望或夢想自己所處的位置，而是你目前的所在位置，然後試著了解你希望五年之後在哪裡。最後，則是評估從這裡達到目標的實際機會有多大。」

如果你和大多數人一樣，或許會對自己的起點並不滿意，然而在思考你目前的位置時，不妨謹記理查．伊凡斯（Richard Evans）在《雪夜裡的眼淚》（*The Christmas Box*）中說的話：「每個人都是從原來的地方出發，才達到現在的位置。」

二、**我未來的位置**。接下來，我會用文字表達我想達成的目標，問自己，實現夢想後的我會是什麼樣子？確定未來的位置給了我追求夢想的方向和動力。工業鉅子亨利．約翰．凱薩（Henry J. Kaiser）是凱薩鋁業（Kaiser Aluminum）和凱薩醫療（Kaiser-Permanente healthcare system）創辦人，他斷言：「有充分證據顯示，除非你在生活中設定一些目標，否則你不可能達到最好的成就。」

三、**過程中的位置**。接下來，我會試圖弄清楚未來的發展路徑，問自己，我必須採取哪些行動，才能從現在的位置達到未來的目標？你必須設定一系列小目標，以到達你渴望的目的地。正如我的作家朋友迪克．比格斯（Dick Biggs）指出的，「你的夢想是你對未來的理想化觀點，但你的目標是具體、現實的宣言，闡明你將如何實現目標。」

當你開始寫下預期要採取哪些步驟來實現夢想時，不要指望能夠迅速輕鬆地按照計畫執行，計畫通常是明確而簡單的，但生活和逐夢過程卻充滿變數。建立過程是行動的起點，但絕不是精確的科學。電影製片人喬治．盧卡斯（George Lucas）曾評論說：「設定切實可行的目標是一件困難的事，因為你並非總是確切知道自己的終點在哪裡，也不該知道。對我來說，光是設定在學校取得優異成績、選擇我感興趣的科目就是很大的目標了，我致力於實現這些事。」[10]

許多人錯誤地認為，只要他們知道自己目前在哪裡、未來想去哪裡、確定了通往目標的步驟，就算完成了途徑問題。然而，若果真如此，應該會有更多的人實現他們的夢想。策略不光是行動步驟，這點出了在你表明所有位置之後，下一件你必須做的事。

Examine 檢視所有行動

夢想和妄想之間的區別在於你每天做了什麼。英國作家兼評論家約翰．羅斯金曾說：「我們的想法、我們的知識或我們的信念，終究不是很重要，唯一重要的是我們的行動。」要實現你的夢想，你必須：

一、**採取行動**。整個過程始於行動，如果你是一個天生懶散或容易氣餒的人，任何行動都是好的。《獨立宣言》簽署人約翰．漢考克（John Hancock）曾說過：「所有優秀的人都有好想法、好主意和好企圖，但其中極少數能夠將這些付諸實踐。」

起初，你只需要開始行動，嘗試不同的事情，**如果你已經踏出第一步，就更容易朝著正確的方向發展**。美國愛依斯電力公司（AES）的聯合創辦人兼前執行長丹尼斯．巴克（Dennis Bakke）曾表示：「我們嘗試各種方法，看看哪些有效，就這樣發展成我們的策略。」換句話說，即使你不確定該怎麼做，也不要讓這成為阻礙你行動的理由。

二、**從今天開始做與夢想相關的事**。運動員、作家兼心臟科醫生喬治．希恩（George Sheehan）觀察到：「許多人就只是活著，等待事情改變、等到有空的時候、等到不累的時候、等到升遷之後、等到安定下來——等呀等，似乎總是需要一些重大事件發生，我們才開始真正地過生活。」如果你想實現夢想，絕不能讓自己成為這種人！該如何避免呢？就從今天開始做一些能讓你朝著夢想前進的事情。

電視新聞記者兼政論節目主持人克里斯．馬修斯（Chris Matthews）建議：「無論你的抱負是什麼，無論你想進入什麼領域，如果你想參與一場比賽，就要去到賽場。如果你想成為律師就去法學院，如果你進不了最頂尖的法學院，就去你能選擇最好的一個，醫學或商學院也是一樣。如果你想進入電視圈，就在這個產業找一份工作，任何工作都行，最重要的是在該產業中爭取到自己的位置。」[11]他很清楚這一點，因為他當初想進入政治圈時，來到華盛頓特區，在國會辦公室敲門拜訪，尋找任何工作機會，只求開始。終於，一名參議員給了他一份工作，負責每天花幾小時回覆一些困難的信件，然後是下午三點到晚上十一點的國會警察工作。那不是他渴望的最終目標，但卻是一個開始。

如果你真的希望實現夢想，從今天起可以做些什麼事情，讓你更接近實現目標？成功不可能一蹴可幾，而是必須逐步努力，你能夠邁出實際的一步就在今天。德國哲學家約翰．沃夫岡．馮．歌德（Johann Wolfgang von Goethe）建議：

每次的猶豫都會耽擱時間，
悔恨於失去的日子只會再度失去。
你能做或認為你能做的事，就開始吧，
因為勇氣蘊含魔法、力量和天賦。

三、**每天做一些與夢想有關的事**。勵志演說家厄爾．南丁格爾（Earl Nightingale）曾經說：「我們讀到有人乘坐三十英尺的帆船環遊世界，或是克服障礙贏得奧運金牌的故事，最終會發現這些故事都是在講述堅持不懈的精神。」我會更進一步說，這些故事都是關於對目標的堅持。一個人成功的祕訣在於每日工作事項，如果你每天都做正確的事情，那麼你就會取得進展，最終實現你的目標，而這才是最重要的。

Consider 考慮所有選項

二戰時期喬治・巴頓將軍（George S. Patton Jr.）曾表示：「**成功的將軍會根據情勢調整計畫，而不是試圖改變情勢以配合計畫。**」一旦你制定實現夢想的計畫（你認為能幫助你達到目標的行動步驟），你很有可能會變得過度執著，無論如何都要堅持執行，卻忽略了有時候探索其他選擇或許更明智。當你途中遇到困境時，不要急於修改你的夢想，而是去修改你的計畫。

被尊為現代管理學之父的彼得・杜拉克了解策略規畫的不確定性。這不是一門確切的科學，任何參與規畫夢想發展路徑的人，都必須明白在過程中靈活變通的重要性。杜拉克表明：「策略規畫之所以必要，正是因為我們無法預測。策略規畫並不是在處理未來的決策，而是在處理當前決策的未來性。決策只存在於當下。決策者面臨的問題不是組織明天應該做什麼，而是：『我們今天必須做什麼，以因應不確定的未來？』」[12] 面對未來的不確定性，最好的方法就是隨著事態發展考慮我們的選擇。

我觀察到，現實情況往往能決定最佳的策略。就像美式足球比賽，許多四分衛得到教練的授權，在比賽一開始評估對方的防守陣型之後可以即時改變戰術。為了實現目標，我們也需要隨時準備做出改變，在追求夢想的過程中，僵化的思維對自己並無益處。

沃爾瑪創辦人山姆・沃爾頓（Sam Walton）經常被譽為是一位有遠見的領導者，他的夢想是為顧客提供好價格，改善他們的生活。但他也以改變計畫並放棄不奏效的策略聞名。山姆的兒子吉姆・沃爾頓（Jim Walton）坦承：「有一些寫作者將我父親視為高明的策略家，能直覺地制定複雜計畫並精確實施。我們並不認為如此，我父親樂於接受改變，沒有任何決策是神聖不可侵犯的。」[13]

我相當欣賞英國首相邱吉爾對策略的看法，他是一位口才傑出的演說家和激勵人心的領袖，他曾表示：「**無論策略有多麼完美，你都應該偶爾看看結果。**」結果是很重要的，一個精心策畫的策略，如果不能產生積極的結果，又有什麼價值呢？

Utilize 善用所有資源

我想每位作家都夢想寫出一本暢銷書，我也是。截至一九九七年，我已經寫了十幾本書，雖然幫助了不少人，但還沒有達到我期望的影響力。我相信許多作者完成一本書交給出版社之後就寄望於運氣。但問題是：寄望並不是策略，我知道如果我想要有機會進入暢銷書排行榜，就需要有個計畫。

身為領導者，我自然會從資源的角度思考，我知道，要想實現任何目標，運用的資源越多，成功的機會就越大。因此我評估自己所有的資源，結果如下：

- **一本書的好點子**。這點似乎不言而喻，卻是一切的起點。要成為一位成功的作者，你必須創造有價值的內容。你在寫書時不能自問：「我要怎麼樣才能創造書籍銷售量，成為暢銷作家？」你必須問：「我該寫些什麼內容能夠為人們提供巨大幫助，因而成為暢銷作家？」我的答案在《領導力21法則》（*The 21 Irrefutable Laws of Leadership*），我相信這本書可以為想要學習領導力的人增添價值。

- **優秀團隊**。此時，我身邊都是優秀的人才，我有一位出色的撰稿人，有一家渴望看到我成功的優質出版社，還有我自己的公司有豐富的辦活動經驗。NBA教練帕特．萊利（Pat Riley）對於團隊合作提出了這樣的看法：「團隊合作要求每個人都努力朝著同一方向發展，當一支團隊的能量形成自己的生命力時，人們就會感受到意義。」所有的團隊成員都準備好並願意共同努力，以實現讓這本書進入暢銷書榜的目標。
- **完成期限**。要完成偉大而重要的任務，有兩個必要條件：一個計畫和稍嫌不足的時間。有個期限能督促你在指定的結束時間之前完成某事。我們知道，若想要引起出版業的關注，就要在短時間內促銷書籍。
- **創造力**。我們兩支團隊在腦力激盪，研究如何在短時間內銷售大量書籍時，湧現許多好主意，最後我們決定在五天內進行一次涵蓋十五座城市的巡迴書展。我們租了一架飛機，處理在這些城市舉辦免費活動的後勤事宜，邀請當地書店在活動現場販售書籍，也進行了大量宣傳。一切都安排妥當後，我們啟程前往坦帕、亞特蘭大、夏洛特、華盛頓特區、匹茲堡、哥倫布、印第安納波利斯、格蘭德拉匹茲、聖路易斯、達拉斯、奧克拉荷馬城、丹佛、聖荷西、洛杉磯和聖地牙哥等地。

- **機會**。這一切都需要投入大量心血，但只為我們提供了接觸人群的機會，還需要想辦法讓他們選擇購買這本書。我計畫在每一座城市針對《領導力21法則》進行教學，讓人有機會從當地參展書店買下這本書。幸運的是，此書頗受讀者喜愛，許多出席的企業主購買整箱書來培訓公司的主管，他們也會和別人談論這本書，推動了書的銷售量。《領導力21法則》月底進入了三個暢銷書榜單，也在商業書暢銷榜上連續二十三個月榜上有名！十一年後，這本書已經銷售超過兩百萬冊。

想想你的夢想，也許你不想寫書，而是想贏得奧運獎牌、創建一家卓越的公司，或是培養你的孩子使他們充分發揮潛力。無論是什麼夢想，都需要資源。你有哪些可利用的資源？你有什麼資產？誰可以幫助你？仔細思考，列個清單，光擬定計畫是不夠的，為了實現你的夢想，你需要動用你擁有的一切資源。

Remove 排除所有非必要之事

思考你的夢想，想像能從中獲得的一切，如果你和大多數人一樣，腦中浮現的可能都是你將獲得的好處、你可以去的地方、你會遇到的人、你將擁有的東西，以及你會贏得的職位或是頭銜。你注意到這清單有什麼奇怪之處嗎？裡面只包含了你將**獲得**的好處，並未包含為了實現夢想你必須**放棄**的事。然而，如果你想要往上爬，就必須有所取捨。

追求遠大夢想是有代價的，等你閱讀到第七章代價問題時，將會了解更多。但請記住這點：要實現你的夢想，會不得不放棄一些東西。最大的挑戰不是放棄那些對你顯然有害的事物，而是那些你很喜歡但對實現夢想並無益處的愛好。例如，一位朋友熱愛高爾夫球，但因為孩子還小，打球會占用太多時間，他已經有十五年沒打球了。我把許多我喜歡做的事委託給別人去做，因為別人幾乎可以做得和我一樣好。我喜歡做研究，但我已將許多任務委派給其他員工。而有些事情只有我能做，我就會專注在這些事情上。

從日常生活排除非必要的事將是一大挑戰，但卻是值得努力的。大多數未能實現夢想的人之所以失敗，不是因為遇到無法克服的障礙，而是因為他們在過程中想要同時兼顧太多事而變得精疲力盡。如果你想實現夢想，就要放下那些無關緊要的事，以便完成真正重要的任務。

Embrace 接受所有挑戰

一旦你確立所有位置、檢視所有行動、考慮所有選項、善用所有資源、排除所有非必要之事後，還有最後一件事要做，那就是接受所有挑戰。被譽為最有智慧的所羅門王曾寫道：「明智之人留心未來的問題，並做好相應的準備。愚蠢之人從不留心，最終承受後果。」[14]

每一條夢想之路都充滿了挑戰，這是不可避免的。做好準備，寧可未雨綢繆，也不要事後懊悔不及。你或許已經能夠展望自己的夢想，現在想像你克服了將要面臨的挑戰，而第一個挑戰就是失敗這件事。在逐夢過程中，每個人都會經歷失敗，你的其中一個目標，就是在失敗中堅持自己的夢想，直到最終取得成功。

幾年前我在北卡羅來納大學和杜克大學進行領導力培訓時，遇到運動心理學家羅伯・吉伯特（Rob Gilbert）。晚餐時我請教羅伯，成功和不成功的運動員之間有什麼區別，他的答案簡單而深刻：**「輸家總想著失敗的懲罰，贏家則想著成功的獎勵。」**

既然你將會經歷失敗，我建議你將失敗視為朋友，我對此深信不疑，甚至還寫了一本相關主題的書，名為《與失敗同行》（*Failing Forward*，暫名）。失敗時，你要接受它、仔細檢視問題，並從中學習。如果你能做到這些，就不會一再重蹈覆轍，同時心境也變得更堅強。

你需要面對並克服的第二大問題是缺乏彈性。退役陸軍將軍韋斯利・克拉克（Wesley K. Clark）曾指出：「世上只有兩種計畫，可能奏效和不可能奏效的計畫。沒有完美計畫這回事，你必須選擇一個可能奏效的計畫，想辦法使之成功。」[15]

你在致力於保持彈性時，請記住，夢想或許不會變，但其他一切都可能隨時變動，包括你的時間表、資源、預設、計畫和團隊成員。喜劇演員比爾・寇斯比（Bill Cosby）俏皮地說：「除了鴿子外，沒什麼能納入鴿舍中。」（編按：鴿舍 pigeonhole 的引申意是文件架的小格子，做動詞用時有歸類之意，這句話的含意是：不是每樣東西都適合被歸納或分類）這句話雖然幽默卻是事實。

保持彈性，隨時準備迎接變化，同時要善用兩種技能：批判性思考，問自己：需要做哪些改變？也要有創造性思考，問自己：如何改變？如果你能保持彈性，用這樣的思維就會有很好的機會面對挑戰、克服障礙。

遵循這些步驟，不能確保必能「鞏固」夢想，然而，如果你有一個計畫、保持彈性、集中精力、聚集資源、每天努力朝夢想邁進一步，就有很大的機會實現夢想。當你將策略付諸實踐，踏上實現夢想之路時，請記住這句義大利諺語：「說與做之間，往往磨損了許多雙鞋。」

夢想不會快速或輕鬆實現，而獎勵通常要等到很晚才會出現，因此要堅持下去，不斷努力。要實現你的夢想，你需要有好的開始，也要有出色的結尾。

你能否肯定回答途徑問題：我是否有實現夢想的策略？

你在思考實現夢想的策略時，不妨利用首字母縮寫「SECURE」（鞏固）協助你規畫：

State 確立所有位置：你的起點在哪裡？終點在哪裡？你預計從頭到尾要經過哪些步驟？

Examine 檢視所有行動：為了更接近夢想，你每天必須採取哪些行動？

Consider 考慮所有選項：你願意調整哪些策略以便有所進展？

Utilize 善用所有資源：你可以運用哪些資源？（列出你能想到的一切）

Remove 排除所有非必要之事：你目前參與的事務當中，哪些無助你實現夢想？

Embrace 接受所有挑戰：在你的逐夢之旅中，預計會遇到哪些問題、阻礙和挫敗？你可以採取哪些預防措施，以避免這些情況？你可以做好什麼準備，以應對這些挑戰？你必須做好什麼準備，以因應可能的失敗？

利用你對上述問題的回答來擬定：一、日常生活紀律，二、每月目標，三、長期（多年的）計畫，然後確實執行。然而，切記，你將會需要在未來幾個星期、幾個月和幾年內調整，這沒關係。每一次的修改，都代表你有所改進，提高未來成功的機會。

06

人員問題
我有實現夢想需要的人員嗎？

當你領悟到他人的幫助比你獨自完成做得更好時，
這代表你的發展邁出了一大步。
——安德魯．卡內基（Andrew Carnegie）

無論你夢想當藝術家、企業家、政治家還是諾貝爾獎得主，都會與人相互影響，除非你夢想工作與世隔絕，不為人知，否則你必須學會與他人合作，可能是合作夥伴或贊助商、老闆或同事、客戶或選民、顧客或評論家等，端看你想追求的是什麼，人可能是一個關鍵或次要的影響因素。但無論如何，如果你想實現夢想，都必須與人合作。

我自己很早的時候就領悟了這個道理。一九六九年我大學畢業，與瑪格麗特新婚幾個星期後便接受我的第一個領導職務。當時，我懷抱著夢想建立一個龐大且具影響力的教會，然而我的第一份工作卻是在印第安納州一個沒有太多財力資源的鄉村小教堂。瑪格麗特陪同我與教會主事者會面，他們提供我每週八十美元的薪水，也告訴我可以另外找工作來維持生計。

「不，約翰不會找其他工作。」瑪格麗特對教會的主事者說道：「就算只是兼職薪水，約翰也會全心全意地投入到教會全職工作中，他會成為一位傑出的領導者。」

瑪格麗特接了三份工作來維持我們的經濟狀況，她教幼兒園、在珠寶店兼職、還打掃房子。我對瑪格麗特感激不盡，她在我追求夢想的過程中扮演很重要的角色。我也永遠不會忘記我那天感受到的力量，我們才結婚沒多久，她就為我和我的夢想挺身而出，如果沒有她，我的任何夢想都不可能成真。

一路上受到的幫助

根據我的牧師朋友克里斯・霍奇斯（Chris Hodges）的說法：「夢想是你內心看到的強烈願景，太過龐大，因此需要他人的幫助才能實現。」在我的人生中，我發現這是真的，如果沒有別人的幫助，我無法實現任何一個夢想。對我人生產生影響的人不勝枚舉，幾乎有成百上千的人幫助過我實現夢想，有些人激勵了我，有些人與我並肩前行，還有許多人把我的夢想視為他們自己的夢想。這一切以某種方式改變了我，增添了我的生命價值，我難以言喻，每個人對我來說都很特別，我對所有幫助心存感激。

如果你想實現夢想，需要有一群人、一個團隊來協助你。很難一一列舉團隊能提供的支持，實在太多了。最近我試著用文字表達我的團隊對我的幫助，以下是我寫的內容：

我的團隊使我變得更優秀。
我的團隊使我對他人的重要性倍增。
我的團隊使我能發揮所長。
我的團隊使我能幫助他人做到最好。
我的團隊為我省下不少時間。
我的團隊陪伴著我。
我的團隊幫助我實現心中的渴望。
我的團隊凝聚我的視野和努力。
我的團隊賦予我實現夢想的力量。

如果少了我的團隊，我無法達成任何重要的目標。

夢想團隊該有哪些成員？

你會怎麼回答人員問題，周遭是否已有實現夢想需要的人？我與那些充滿熱情、對個人夢想有明確畫面的人交談時，我總是會問他們邀請了哪些人來協助實現夢想。大多數優秀的領導者都知道不該單獨行動，會開始列舉他們的合作夥伴，但有些人對這個問題感到困惑，從未想過需要別人的協助來實現夢想。

以下是我發現的事：

有些人有夢想，卻沒有團隊——他們的夢想不可能實現。
有些人有夢想，團隊卻很糟糕——他們的夢想是一場噩夢。
有些人有夢想，也正在建立一支團隊——他們的夢想有發展潛力。
有些人有夢想，也有一個卓越的團隊——他們的夢想必然實現。

光有夢想並不夠，你還需要有夢想團隊。

體育界的人都體認這個真理，深知如果沒有合適的球員便無法贏得比賽。而這也適用於人生的各個方面，如果你想實現夢想，就需要有人願意與你並肩合作，這對阿諾．史瓦辛格來說正是如此。我在第一章歸屬問題中曾提到他，他非常感謝以下這些人：啟發他的雷格．帕克，早期在慕尼黑的好友和訓練搭檔佛朗克．哥倫布（Franco Columbu），幫助他在美國健美運動邁向更高成就的喬．維德（Joe Weider），努力不懈宣傳他的公關夏洛特．帕克（Charlotte Parker），當然還有無條件給予他支持的妻子瑪麗亞．施萊佛（Maria Shriver）。

我在第二章清晰問題中提及的麥可．海亞特也是如此。如果少了他的團隊，他永遠無法扭轉部門的局面，成為公司中最具生產力的部門，也不會成為湯馬斯．尼爾遜出版公司的執行長。還有第三章現實問題裡的年輕音樂家安迪．赫爾，他每天都依賴他的樂團成員一起演出。他告訴我，與合適的唱片公司、律師和經紀人合作，對他來說非常重要。他正在建立的社群是他投入音樂事業的主要原因。

第四章鮑伯．泰勒的成功也是有賴於長期合作夥伴科特．利斯圖格、團隊的重要成員和數百名吉他製造工人的共同努力。

第五章提到的科技奇才尼古拉斯．尼葛洛龐帝也有優秀人才組成的團隊，一組負責開發兒童專用的筆記型電腦，還有另一組團隊負責分發。

如果你仔細檢視任何成功實現夢想的人士，你會發現他們身邊都有一群協助達成夢想的夥伴。在回答人員問題之前，你可能會問自己一個問題：你的團隊應該包括哪些成員？這取決於你的夢想。幾年前，我的朋友華特．卡勒斯塔德（Walt Kallestad）是 Joy Company 的執行長，他給了我一首詩，標誌**夢想團隊**（Dream Team）成員應該具備的特質，他認為要：

Dare 勇敢關注個人價值，而不僅是成功與否。
Respond 正視自己的想法，以尊重的態度而非厭惡或蔑視。
Expect 期待最好的結果。
Affirm 肯定自己的天賦和技能。
Maximize 強化學習和成長機會，使夢想和逐夢者進化。

Take time 花時間給予真誠的反饋。
Encourage 鼓勵你不需要任何條件，協助你堅持不懈。
Accept 只接受出類拔萃，因為平庸會扼殺夢想。
Make 充分利用自己的錯誤和失敗。

我與你分享華特的詩，因為我認為這個說法很不錯，你在回答人員問題時，可以做為參考。也可以考慮採用我為夢想團隊成員制定的三個標準。你在閱讀相關內容時，想想這三種類型的人在你追求夢想時如何幫助你：

我的夢想團隊包含能激勵我的人

啟發常常讓夢想誕生，也是維持夢想生命力的必需品！我們都需要有人鼓勵，為我們加油，將我們提升到更高的境界。有些人對我們就是有這種影響力，與他們在一起時，能夠激勵我們更堅強、思考得更好、工作更努力、更勇於冒險，他們是我們前進的動力！

羅伯特．舒勒（Robert Schuller）一直是數百萬人的夢想鼓勵者，也包括我在內。當我的新書《與失敗同行》（暫名）出版時，我把第一本書送給了他。晚餐時，我感謝他透過他的書和溫暖話語給予我鼓勵，他時常激勵我戰勝挫折和失敗。

在逐夢過程中，我們經常會偏離軌道，發現自己走上沒必要的彎路，在這種時候需要有人願意陪伴我們堅持下去。許多人在我心中占有特殊地位，因為他們在我失去自信心的時候相信我，在我需要的時候傾聽我的心聲而不加責難，無條件地愛護我，即使當時的我可能並不討人喜愛。沒有他們，我就不會有勇氣堅持追求夢想。

我的夢想團隊包含告訴我真相的人

我的夢想團隊也需要有願意告訴我實話的人。乍看之下，好像與激勵我的人相矛盾，但其實並非如此。我不是在尋找想要打擊我的人，而是那些願意並能夠給我建設性反饋的人，在夢想的領域中這點尤其重要，正如希臘演說家狄摩西尼（Demosthenes）所言：「自欺欺人往往是最容易的，因為我們會輕易相信自己期望之事。」

許多人從不向他人尋求坦誠的反饋意見，我認為他們害怕面對現實，擔心聽到真相會讓自己感到萬分沮喪而放棄夢想。然而，缺乏坦誠反饋的夢想往往是虛構的，無法承受真誠批評的夢想，很可能永遠無法實現。

在我的職業生涯早期，我犯了不向他人請教真誠意見的錯誤。和許多年輕氣盛的人一樣，我自認為自己懂的更多，但結果是我未能實現許多早期的夢想。隨著我漸漸成為更好的領導者，追求實現夢想的渴望日益強烈，我的自信心也增強了，我會向別人請教，結果成效驚人，我開始成長、不斷進步。

當你對自己的缺點一無所知時，就無法加以修正！比方說，我在初次嘗試公開演講時表現得不好。我做了充分準備，也很努力，但我的演講就是沒有太大的效果。沮喪了一段時間之後，我決定謙卑一點，向出色的溝通者尋求建議。他們通常告訴我一些我不想聽的事情，但我需要傾聽並學習。我學會了留意那些觸動我敏感神經的事，通常是我需要改進的信號，那些最讓我不悅或最抗拒的事，正是我最需要努力的地方。如果我給自己時間反思聽到的內容，並尋求改進，我通常會有顯著的進步。

作家史蒂芬．柯維（Stephen R. Covey）觀察到：「尋求反饋意見要有謙卑的心，而理解、分析並適當地採取行動，則需要智慧。」[1] 對那些勇於表達真誠意見的人表示感激，也需要謙卑的心。好消息是，如果你向人尋求建議並表示感謝，釋放出來的訊息是，你對成長的渴望更勝於自尊心，而你未來也會願意接受他人的意見，以幫助你不斷進步。

如果邀請其他人參與你的夢想，你希望可以從中受益，請向他們尋求建議。提出問題，並且仔細聆聽，會立即產生影響。

我的夢想團隊包含能力與我互補的人

你無法獨力完成所有的事，我也不能。成功的人會去尋求那些非自己專業領域技能的人才協助。在我的夢想團隊中，大多數人的天賦跟我有很大不同，我們團隊可能有共同的價值觀、願景和優先事項，但每個成員的能力和性格都不同。因此，我們共同完成的事比各自獨力完成的更多，大家彼此互補，相輔相成。

你需要的團隊成員類型，取決於你特有的能力、經驗和性格。思考你要實現夢想的策略，為了達成目標，需要完成哪些任務？其中有哪些最適合你的能力？而哪些需要其他不同技能的人來協助？哪些部分需要有經驗的人？哪些任務需要與你性格不同的人來執行？

真的沒有所謂的獨自完成者。成功者在發展過程中都得到過他人的幫助，無論他們是否願意承認。體認到這個事實可以讓你坦然接受自己需要幫助，並開始尋求他人協助，這是追求成功的一個關鍵步驟。下一步是實際將這些人納入團隊，使他們願意與你一起向夢想前進。

招募團隊，傳遞願景

我遇到過許多有偉大夢想的人，但卻未能實現，因為無法引起他人共鳴並接納他們的願景。他們相信，如果夢想是值得的，自然就會有人等著加入。然而，招募團隊並非如此簡單。陷入這種迷思的人可能很有遠見，可能工作勤奮，也可能懷有崇高的理想，但如果沒有學會如何將願景傳遞給其他人，就不會成功，這據說是羅馬尼亞的一種詛咒：「願你空有卓越的想法，明知是正確的，卻無法說服別人。」

作家兼評論家約翰・羅斯金明白傳遞願景的影響力和挑戰，他強調：「人生在世最重要的事就是看清事實並以平實的方式講述所見。數百個會說話的人裡，只有一個人能思考，而能夠洞察世事的人更是萬中選一。清晰的洞察力便是詩歌、預言和宗教合一。」[2]

顯然，溝通能力對於向他人傳遞夢想非常重要，但光是靠溝通能力還不夠，還需要信譽和信念。願景投射可以由優秀的溝通者完成，而傳遞夢想只有那些真心投入夢想的人才能實現，**只有在你自己深信夢想有重要意義時，才能說服他人認同**。這需要正確的訊息，由正確的傳遞者講述給正確的對象聽。心理學家、作家兼演說家賴瑞・克萊布（Larry Crabb）描述了這種匯聚力量，他說：「當我們向他人展現他們本身未來發展潛力的願景，而此願景與他們心中的靈感相呼應時，就會發揮強大的力量。」這種力量可以說服人們加入你追求夢想的行列，並大大提高你成功的機會。

那麼，你該如何有效地傳遞夢想願景呢？有個古老的說法：「志向如同由兩匹馬拉動的車，亦即思想和情感，這兩匹馬需要同向而行，才能拉動車子前進。」我同意這個觀點，而且我相信還有第三匹「馬」在發揮作用：視覺化。要有效地與人溝通，並將彼此的夢想聯繫在一起，你需要透過理性、情感和視覺表達做到這一點。

一、理性地傳遞夢想

人們對於不相信的事，是不會投入的，以理性方式傳遞夢想是贏得他人信任的第一步。如果你跨不過人們理智的第一道門檻，就無法再往前推進。該如何做到這一點？首先，你要傳達對當前情況的現實理解。每次向人傳達願景時，懷疑論者都會先問：「如果……怎麼辦呢？」即使他們沒有當面說出，心裡也會質疑，而一直提出問題，直到你解答他們所有的疑慮。

你要證明你跟他們一樣非常了解現實狀況，在分享夢想時，你必須非常全面，不要只談論正面的好處而忽略現實。請記住，當麥可．海亞特傳達他想要改造湯馬斯．尼爾遜出版部門的夢想時，他把所有的底牌都攤在桌上，讓每個人都知道他明白整個狀況有多糟糕。

在理性地傳達願景時，第二件重要的事是提供一個堅實的策略，好的策略總是將夢想分解成可處理的部分。如果一個夢想看似過大且難以實現，會讓人感到沮喪，很快失去興趣。當遠大的夢想被分解為較小的部分，將不同工作分配給個別的負責人時，會使任務看起來更容易實現，每個參與其中的人都會有更強烈的個人使命和參與感。

要有效地傳達一切的訊息，而不糾結於細節或弄得人不耐煩，確實是一門溝通藝術。你必須提供足夠的訊息以滿足大多數人，又不能說太多廢話讓人失去興趣，這需要技巧，也需要練習，但為了傳遞願景，你必須學會做到。

二、感性地傳遞夢想

當你能理性地呈現你的夢想時，人們通常就不再抗拒，但不代表他們就會勇於接受你的夢想。要讓他們對你的夢想產生共鳴，需要與他們建立情感連結。他們要是不受感動，就不會真心接受。以下提供一些方法，使人們對你的夢想也能感同身受：

從他們的角度展現夢想。據說偉大的哲學詩人拉爾夫．瓦爾多．愛默生和他兒子曾試圖把一頭小牛拉進牛棚，弄得滿頭大汗卻無能為力，就在準備放棄時，一名愛爾蘭女傭經過，走到小牛面前，把手指伸進動物的嘴巴，小牛聯想到母親的感覺，平靜地跟隨女孩進了牛棚。

人和那頭小牛沒有太大不同，你可以督促他們、激勵他們，而他們不見得會按照你的期望行事，但如果他們發覺自己會從中受益，就很可能會跟隨你了。人的行為通常都是出於自己的意願，不是為了你，也不是為了我，行動的原因幾乎都是出與個人情感。

我喜歡一個麥可·法拉第（Michael Faraday）的故事。他是第一台電動機的發明者，希望能獲得政府的資助，曾向英國首相威廉·格萊斯頓（William Gladstone）展示他的新裝置，那是個簡陋的模型，只有一根線圍繞在一個磁鐵上，而格萊斯頓顯得興趣缺缺。

「這有什麼用處呢？」政治家問法拉第。

「總有一天，你能夠用它來徵稅。」科學家答道。法拉第沒有解釋這項發明的物理原理或實際應用，反而是訴諸政治家關心的事。我不知道這個故事是否屬實，但傳達了同樣的真理。如果你想說服別人支持你的夢想，在溝通時就要投其所好，而不是你喜歡的。

分享你的內心。雖然在你分享夢想時，別人會想知道對他們有何益處，這並不代表他們不在乎夢想對你的重大意義。人都是先對夢想者產生信任，才會願意支持他們的夢想。想在情感上傳遞夢想，你需要讓人看到你的真心和希望。分享內心世界就是敘述你的故事，分享希望就是講述你的夢想，及其如何影響未來的故事。

你或許能在幾分鐘內傳達夢想理念，但要說服別人相信你的心意，可能需要更長時間，你必須要有耐心。等待別人發自內心參與不代表軟弱，而是智慧的體現。真正的力量不在於飛速前進，而是在引領的同時調整步伐，以適應他人較慢的步伐。如果我們跑得太快，就會失去影響力。市場行銷和銷售專家表示，人通常需要聽到一個想法七次，才會接受進而變成自己的想法，這種轉變過程所需的時間因人而異，大致而言：

百分之一〇的人是開拓者，

百分之七〇的人是安居者，

百分之二〇的人是對抗者。

將你的目標設定為贏得開拓者的支持，並等待安居者加入。如果你能有效傳達你的心意，真誠地實踐，並等待時機成熟，你的夢想將得到他們的信任，從一個好主意晉升為絕佳的主意。當你準備好邁向下一步時，與百分之八〇的支持者攜手前進，同時盡力將對抗者拋在腦後。

向他們展示好處。作家兼社會評論家斯塔茲．特克爾（Studs Terkel）觀察到：「我認為大多數人都在尋找一種使命，而不是一份工作，我們大多數人就像裝配線工人一樣，從事著對心靈而言過於狹小的工作，這些工作對人來說不夠遠大。」[3]然而，夢想卻是遠大無比的。

一個偉大的夢想對每個人都有好處，你的任務是幫助人們看到這些好處，你需要讓他們看到自己實現個人成長、找到成就感和提升自尊的機會，你需要給他們一切應該參與的動機。如果你對他們為什麼該加入不能提出充分合理的理由，那麼你一開始根本就不應該找他們加入你的團隊。

三、視覺化呈現夢想

在幫助人理性地理解夢想並產生情感連結之後，傳遞夢想的最後一步，就是真實地呈現在他們眼前，你需要讓夢想變得明確具體。為什麼?因為別人如果看不到遠景，就不會全心投入。

小說家托爾斯泰曾說：「**我們應該呈現的人生，既不是現實的樣貌，也不是應有的樣貌，而是活出夢想所見的畫面。**」我們可以透過文字描繪來傳達夢想畫面，也可以用照片、影片或音樂，但最動人的畫面來自於親自實踐我們試圖傳達的內容。

坦白說，人們可能不太願意接受一個大夢想，即使那些聲稱渴望夢想的人，其實也不是真正渴望夢想，而只是想要成果。看所有關於節食和減肥產品的廣告都是展現前後對比的照片，人們渴望得到「事後」的效果，卻對實現此目標的過程不太感興趣，如果真的在乎，也不會有那麼多超重的人了。然而，如果我們活出自己的夢想，保持誠實，並取得了一定的成功，別人會看到夢想為我們帶來的改變，也會激起他們的渴望。如果你竭盡所能實現夢想，你將成為活廣告，對其他人來說，很少有比這更具說服力的了。

如果你成功地傳遞了夢想，你會感受到的，人們會以成為團隊的一份子為榮，會快樂地互相服務，也樂意為你效力。他們會提供創意點子為團隊增添價值，也會主動承擔責任，獨立完成任務。如果你在傳遞願景方面做得夠好，人們最終對夢想也有歸屬感。但要達成這一點，你必須對夢想保持開放態度。真正強大的是，團隊成員不僅會幫助你實現夢想，也會為夢想增添光彩，使其更茁壯、更美好。當這種情況發生時，夢想就超越了你個人或團隊。

第三章提過的加州大學洛杉磯分校籃球隊的前教練約翰．伍登是我景仰的人物之一，我想起他曾經說過當整個團隊擁抱一個夢想時會發生什麼事：

> 在我的教練生涯及此後的日子，我向來堅持不把加州大學洛杉磯分校棕熊隊（UCLA Bruins）稱為「我的隊伍」，也不會把隊上任何球員稱為「我的球員」。我在印第安納州立大學師範學院和南本德中央學院擔任大學籃球隊教練時，也遵循同樣的方針。
>
> 當我被人問道：「教練，你是怎麼贏得那場比賽的？」我會糾正記者說：「不是我贏得比賽，是球員們贏得了比賽，我們的球隊得分超過了對手。」
>
> 這可能是一個小細節，但對我來說很重要，因為這反映出我的觀點，也就是一個團隊「屬於」所有成員。棕熊隊不是我的球隊，而是我們的球隊。
>
> 我是總教練——是所有成員共享團隊的一分子。[4]

伍登教練成功地將他對誠信和卓越的夢想傳遞給旗下每一位球員。他為球員做的每件事都提供合理的理由，幫助他們建立情感連結，也實際展現在每天的生活中，讓球員親眼見證。由於對他的願景和夢想產生共鳴，這些球員也實現了許多自己的夢想。

成為團隊的夢想引導者

多年來，我一直在鑽研優秀的領袖和溝通者，以了解他們如何分享個人夢想並說服他人參與，沒有人比邱吉爾表現得更出色。一位曾參與諾曼第登陸的美國老兵，描述對納粹發動那場血腥攻勢之前與邱吉爾會面的情景，他說，諾曼第登陸是他這一輩子最可怕的經歷，「事實上，在越過英吉利海峽之前，如果不是因為一次勞軍訪問，我認為我們有些人可能會沒有勇氣完成行動。」

那天，就在他們啟程前往諾曼第海灘的數小時前，邱吉爾搭乘一輛吉普車到訪，下車後與士兵們互動。這位老兵回憶道：「他與我們握手，甚至擁抱了一些人。他談到自己的戰時經歷，也了解我們的感受。然後，他站到吉普車上發表一場五分鐘的演說，在全程演說中，他眼裡一直含著淚光。」那個場合，許多年輕人即將投入戰場面對死亡，邱吉爾說了什麼？他說：

> 弟兄們，我知道你們很害怕。我記得我還是一名士兵時，也曾害怕過。我有幸在那段黑暗的時期捍衛我的國家，那時我們也不知道自己是否能夠完成任務。而現在是你們的時刻，我們期望你們能夠勇敢地應對，實現設定的一切目標，自由世界的命運掌握在你們的肩上，願這成為你們最輝煌的時刻。[5]

「不用說，」那位老兵評論道，「我們這些驚慌失措的士兵，瞬間變成了準備好迎戰任何敵人的勇士。」每當邱吉爾發表演說時，總是能激勵他的聽眾。他以動態十足的力量講述真相，以理性和感性與人溝通。做為一位巧妙運用文字的大師，他勾勒出生動的文字意象（例如創造「鐵幕」〔iron curtain〕一詞）。如果你能向邱吉爾等優秀的溝通專家學習，以他們為榜樣，別人將能理解你的願景、與你產生共鳴。如果你能始終言行一致，就會成功贏得他人支持你的夢想事業並參與其中。

那麼，你會怎麼回答人員問題呢？你是否已經擁有實現夢想需要的人？我們無法獨自達成夢想，對於選擇與我們攜手實現夢想的人，應該心存感激，我們彼此相互依賴，正如爵士音樂家喬治．亞當斯（George Adams）所說：「我們的成就來自許許多多的人，每一個曾經幫助我們或給予鼓勵的人，都已經融入了我們的性格和思想中，也是我們成功的一部分。」

我不知道你的夢想是什麼，也不清楚你想要實現什麼目標，或為了實現夢想需要有哪些人加入。你或許只需要別人的鼓勵和關心，幫助你堅持下去，或是你可能需要一支龐大的團隊。無論是哪一種情況，我可以告訴你，你確實需要他人的協助。夢想越宏大，需求就越大。但好消息是：**你的夢想有多大，能吸引到的人就有多少**。如果你的夢想非常遠大，就更有可能吸引到好人的幫助。你需要做的是與這些人建立聯繫，邀請他們參與，分享你的願景，然後讓他們自由發揮。

你能否肯定回答人員問題：我有實現夢想需要的人員嗎？

招募團隊來幫助你實現夢想的過程永無止境，即使那些已經努力過的人，也需要繼續努力。為什麼？因為夢想是一個不斷移動的目標，環境條件會不斷變化，你的中期目標也會不斷變化。隨著你的成長，個人需求也會改變。而現實是人們來來去去，與你一起開始這段旅程的人很少能陪伴你一路到底。

你需要問自己，目前我的逐夢團隊中有哪些人？列出一份清單，包括同事、導師、內部成員、關鍵員工、直系親屬、親近的朋友等等。

接下來，將他們分為我在本章中提到的三個類別，再加上第四個類別：

- 激勵我的人
- 告訴我真相的人
- 能力與我互補的人
- 其他類別的人

然後衡量他們的貢獻。他們對你有什麼影響？首先，評估是正面或負面影響？在每個人的名字旁邊標上加號或減號，然後針對其影響力給一個數值，從負10到正10。以下是這些分數的涵義：

正6到正10　能幫助你實現夢想的人——留他在你的夢想團隊中

0到正5　對你的夢想可能沒什麼貢獻的人

負10到負1　實際上會阻礙你實現夢想的人——將他從你的團隊中排除

你在檢視名單的時候，可能會發現你第一類別中的人數不夠多，沒關係，現在是改變的時刻，開始招募人才加入你的夢想團隊。

07
代價問題
我願意為夢想付出代價嗎？

永遠記住，努力（striving）和奮鬥（struggle）總是在成功（success）之前，即便在字典中的排序也是如此。
——莎拉．班．布蘭納克（Sarah Ban Breathnach，美國暢銷書作家）

夢想是個人的，為了實現夢想必須做出的犧牲也是個人的。多數人不願意問自己：我願意為夢想付出代價嗎？他們不願正視這個問題，逃避代價，無意中也逃避了自己的夢想。

世上沒有任何人能夠不必付出代價就實現夢想的。有些人以生命或自由為代價，有些人付出的代價則是放棄機會、財富或人際關係。我有一位朋友竟然是透過一台摩托車學會如何思考代價問題。

發揮夢想的價值

我這位朋友的名字是凱文．邁爾斯（Kevin Myers），他是喬治亞州勞倫斯維爾12StoneTM教會的主任牧師。凱文在十六歲時就立志成為一名牧師。他從小就對摩托車情有獨鍾，十幾歲時買了他的第一輛二手摩托車，直到二十多歲也換過幾台車。雖然他熱愛騎這些車，但他不曾擁有過他夢寐以求的類型：一台重型機車。

凱文將一生奉獻給牧師職務，但他同時也是一位極具企業家精神的人。從青少年時期起，他就夢想著建立一個新教會，將之發展成對社區產生影響力、服務數千人的組織。一九八七年他二十六歲時，終於決定踏出這一步，從密西根州搬到喬治亞州創辦教會，旨在幫助那些他所謂的「心靈困惑」的人。為了實現願望，他做出犧牲：離開朋友和家人，放棄一份穩定的教會工作，使得財務變得不穩定，他願意為夢想付出代價，但最終的代價遠遠超出他的預期。

他原本期望能夠迅速成功，希望一開始就能有兩百五十人參與，這樣的教會規模是相當理想的，能夠在財務上維持自給自足。然而，教會卻一直在困境中掙扎，最初只有不到一百人，而且六年來一直沒有增長，教會很快就耗盡所有的資金。後來，動用到凱文和妻子瑪西亞之前準備買房子的存款，接著他們的個人儲蓄帳戶也用光，還失去了醫療保險，那時其中一個孩子也生病了，醫療費用不斷累積，他們開始負債。凱文不得不靠打零工和兼職建築工作來維持生計，他的夢想看起來已經破滅了。

凱文快要承受不了，回到密西根州去找從前的老闆，請求恢復他以前的工作，但他的前老闆鼓勵他再堅持一段時間，繼續為夢想奮鬥，這個過程幾乎讓凱文心力交瘁。

走出困境

在教會成立的第七年，事情終於開始好轉，他的小教會開始成長。從成立之初，教會一直在租來的地點舉行聚會，凱文將這種小規模增長視為教會冒險的機會，打算購地興建他們的第一座建築物。這件事並不容易，但眾人對於這項志業有強烈的信念，並願意為此犧牲。隨著新建築物的開放，教會的規模更是迅速擴大。

大約在同一時期，凱文有機會實現他的另一個夢想。他母親去世時，留下了一些錢給他，他用來買了人生中第一輛重型機車，這是他二十年來一直渴望擁有的，對他來說這象徵著自由。凱文將騎摩托車視為他的「合法毒品」。當領導壓力讓他無法承受時，他會騎車出去馳騁。每年夏天他還會在藍嶺公路上長途騎行，這讓他感到非常振奮。他的重機還有一個額外的好處，每次發動時都會讓他想起母親——紀念母親的存在和對他的愛。

教會遷入新建築後，沒多久又開始感到空間不足，凱文再次尋找新的土地，計畫興建另一座更大的設施。興建第一座建築已經是巨大風險，現在面臨更大的挑戰。下一階段需要四百萬美元，凱文知道籌集資金會是一場艱苦的奮鬥，他也知道他個人可能要付出一些代價。凱文說：

我真誠地反思我這段時期的領導，這一刻，我知道如果不付出更多犧牲，我們無法實現夢想。這三個月來，我一直在思考這個階段的夢想我個人要付出多大的代價。我沒有太多的物質資源可以為這個願景付出，我真正擁有的只是那一台重機。對大多數人來說，這可能不算什麼，但在我的心中卻有著深刻的意義。

這個決定讓我感到壓力重重，內心起伏不定。多年來我已經犧牲了不少對家庭的心願，如今下一階段的夢想又要求我付出更多。我還記得，當我決定為了更偉大的夢想而簽署轉讓我心愛的重機時，心中那股強烈的失落感，但我更清楚地記得這個決定在我靈魂深處產生的深刻影響。現在我對夢想的投入更勝以往，有如史詩般的追求夢想，只有犧牲個人欲望才能前進，這對我來說是一次領導力的突破。[1]

凱文當時沒有和別人分享他內心的糾結，但他確實公開宣布要捐贈他的重機。當他這麼做時，眾人似乎突然明白，夢想是要付出代價的。

教會最終籌集到足夠資金，建造了新大樓，隨著會眾的增長，他們進行了擴建。持續不斷地成長，很快就得思考下一階段的夢想、下一輪必須付出的犧牲。

堅持夢想，持續付出

二〇〇八年一月，凱文的教會在六十九英畝的土地上建造了一個占地十一萬平方英尺、設施一流的新建築，內部包括可容納兩千六百人的禮堂，目前每週末的參加人數超過六千人。他們不僅影響著當地社區，也為全球的人們服務。

凱文和他的教會成員一直在為夢想付出，每次達到新目標都要付出更多。然而，重機帶來的啟示將永遠伴隨著他，凱文觀察到：

> 我那段時期領悟到夢想和單純渴望之間的差異。在十幾二十歲時，我以為兩者是同一回事，然而當你深入追求夢想後，勢必得付出更多的代價，挑戰會變得更艱鉅。你會發現，放棄一些欲望是為了追求夢想必須承擔的代價，即便是只有一絲成功的機會。
>
> 有些人聲稱他們同時擁有夢想和渴望，但我對此表示懷疑，其實他們只有滿足自己需求的渴望。更有可能的是，若他們曾經有過夢想，也已經變得微不足道，或只為了滿足私利。
>
> 我相信你必須願意為夢想而犧牲個人欲望，我很好奇是不是所有真正的夢想都是這樣，若果真如此，夢想會比大多數人想像的危險和冒險得多，但會是一場精彩的逐夢旅程！而且通常不會讓人後悔。[2]

對凱文來說，未來仍然充滿挑戰，因為他還有夢想，因此還是有必須付出的代價。然而，他願意為夢想犧牲心愛的重機，代表他早已領悟到代價的重要性。

你願意付出多少？

你呢？你對犧牲有什麼看法？會怎麼回答這個問題：我是否願意為夢想付出代價？每一段逐夢旅程都是個人的，因此必須付出的代價因人而異。我無法親自坐下來和你談你的夢想，無法針對你的代價問題提供具體建議。但我可以告訴你一些真理，適用每位追求夢想的人：

一、夢想是免費的，但追求夢想卻是有代價的

最近，我和朋友柯林．修爾（Collin Sewell）聊了關於夢想的話題。他提到，所有夢想一開始都毫無阻礙，對吧？你在初次孕育夢想時，都是很有趣的，不是嗎？你會看到各種的可能性、想像所有的潛力，多麼令人興奮。在初期階段很少有人會考慮到代價問題，然而到了某個時刻，**你必須從夢想的信仰者轉變成實踐者，任何夢想的實現都要付出代價**。

如果你想實現夢想，不能只是樂於想像成果，你必須願意為努力逐夢而付出代價。這就是為什麼夢想的信仰者眾多，而實踐者卻很少的原因。

二、要比你想的還快付出代價

我認為大多數人都知道實現夢想是有代價的，他們只是隱約意識到「總有一天」要付出一

些代價，但他們不知道的是，代價會來得比想像的要早。如果你已經開始追求夢想，就會明白我在說什麼。一旦你開始這段旅程，我敢打賭，立刻就得面對代價問題。為什麼呢？因為公開夢想會帶來矛盾，開始逐夢會引發危機。

一旦你宣示夢想、展開行動的那一刻，問題就開始浮現。面對現實就像被當頭潑冷水一樣，許多人沒有預料到這類情況，會因此感到氣餒，有些人會暫時將夢想擱置一旁，有些人則選擇完全放棄。我經常聽到中年人表達遺憾，因為他們年輕時放棄了自己的夢想，或許是未追求的事業、未把握的機會，或放任凋零的感情。幾十年後，他們回首從前，後悔莫及。對有些人來說，為時已晚，無論付出多少都再也無法挽回，而對另一些人來說，夢想還是可能實現，只是代價變得更高昂。

夢想就像金錢一樣，越早參與投資，時間一久，複利獎勵就越多。以財務領域為例，假設你從二十五歲開始每年投資一千美元，連續投資十年（總共投資一萬美元）；六十五歲，你將會有 112,537 美元。然而如果你三十五歲才開始每年投資一千美元，連續投資三十年（總共投資三萬美元），那麼到六十五歲時，你只會有 101,073 美元。[3] 同樣的道理，如果你在人生早期就開始為夢想付出，你就提高了獲得良好的投資「回報」的機會，也許能夠避免喜劇演員兼政治評論家阿爾．弗蘭肯（Al Franken）指出的問題，他引述這句古老名言：「沒有人臨終時會說，『我真希望我投入更多時間在辦公室裡』，」弗蘭肯評論說道：「他怎麼知道呢？我敢打賭，有人臨終時說過，『我真希望我在二、三十歲時投入更多時間在辦公室裡，那我的人生就會好多了』，話一說完就掛了。」

如果你過去並沒有為夢想付出，那已經無法改變，然而，你還是可以決定就從今天開始努力付出一切！如果你真的希望實現夢想，而不只是憑空想像，那就立即開始投資吧。你會因為起步晚回報較少而灰心嗎？我希望不會。想想看，如果你從不投資，那麼回報是什麼呢？實現部分夢想總比完全錯失機會、日後懊悔要好得多。

三、代價會超乎你的預期

所有夢想都得付出代價，而代價幾乎總是超乎個人的預期。從來沒聽到有成功人士說：「登上顛峰比我預期的容易得多。」我認識每一位實現夢想的人都有自己的奮鬥故事。

多年前我在旅行時學到計程車原則：上車之前先問清楚多少錢。雖然搭乘計程車時可以事先詢問價格，但在追求夢想時是不可能的，你沒辦法事先就知道所有代價，只有在努力的過程中才會逐漸了解。對凱文・邁爾斯來說也是如此，他知道他必須有所付出，也相信他的夢想是值得的，但實際代價確實比他預期的要高出許多。

飾演電影《鱷魚先生》（*Crocodile Dundee*）的演員保羅・霍根（Paul Hogan）曾被問及他的演藝事業成功之道，我很欣賞他的回答，他表示：「我的成功祕訣就是挑戰自己的極限，接下更多任務，並迅速行動。」夢想並不便宜，也不容易實現，夢想越大，代價就越高，而實現夢想的祕訣就是持續付出努力。

四、必須多次付出代價

這個事實或許出乎你的意料，但你不可能只付出一次代價就達成夢想，而是必須一再努力，不斷地付出。我自己領悟到這一點時也感到很意外。我年輕時曾以為夢想的代價就像遊樂園的門票一樣，只要付一次就能盡情享受遊樂設施。可惜的是，夢想並不是這麼回事。

我對於追夢過程的說法是：「有捨才有得。」每當我面臨另一個犧牲，意識到又得再次付出代價時，我都會提醒自己，我要先捨才能得。

追逐夢想猶如攀登高山，如果攜帶的負擔太重，將永遠無法登上山頂。每次攀登到新的階段時，我們都會面臨一個抉擇，是要承擔更多的負擔，捨棄對攀登無益之事來交換手中擁有的，還是完全停止攀登呢？大多數人在追尋夢想的旅程中，都背負著太多東西。然而，成功的人在追求夢想時，都會做出一些犧牲或有所取捨，以求達到更高的境界。

我一路以來追求夢想已經有四十多年，我領悟到實現夢想需要的付出永遠不會停止。只有在你願意不斷付出代價，夢想之旅才能持續。爬得越高，必須放棄的東西就越多，付出的代價也越大，但當你最終實現夢想時，感受到的喜悅就越強烈。你投入越多，情感回報就越豐厚。

五、為夢想付出的代價也可能過於高昂

雖然我承認實現夢想都有其代價，但我不認為你應該為此不惜一切，有些代價實在太高了。比方說，我看過有些人為了追求夢想而妥協自己的價值觀、犧牲家庭、損害健康，這些都是我不願付出的代價。

如果你毀了健康或犧牲家庭，即使實現了夢想，也無法享受其中。**如果你妥協了自己的價值觀，將對你的靈魂造成傷害，你不能任由夢想去支配價值觀**，反之，應該讓你的價值觀引導夢想。若這兩者失去平衡，夢想開始控制你的價值觀時，代價就變得太高了。

你的夢想值得付出多高的代價呢？我建議你列出一份願意盡全力保護的事物清單，盡量保持簡短，太長的清單可能會讓夢想變得不可能實現。專注於最重要的事物，然後準備好願意犧牲其他事。

必須付出的三種代價

我之前提到每個夢想都是個人的，因此必須付出的代價也因人而異。雖然這是事實，但我也發現，有一些代價是所有追求夢想的人共同面臨的，我相信每個人至少必須付出這三種代價，才能取得成功。

一、接受重要人士批評的代價

哲學詩人愛默生談到保持正確方向的必要條件：「無論你決定採取什麼行動，總會有人說你錯了，也總會遇到各種困難，誘使你相信你的批評者是對的。成功實現一個行動計畫需要堅定無比的勇氣。」

每個追求夢想的人都會受到批評，如果你臉皮厚一點，大多數的批評可能對你不會有太大影響。你必須學會忽略批評，就像職業運動員一樣，他們經常面對這種情況。例如，有人說每支棒球隊都需要有一位能夠全方位守備、永遠不會被三振、而且永遠不會失誤的球員，唯一的問題是很難說服他放下手中的熱狗，離開觀眾席看台來打球！

我認為批評他人是人類的天性之一。研發出脊髓灰質炎疫苗的約納斯．沙克（Jonas Salk）曾說：「一開始別人會批評說你錯了。然後他們會跟你說你沒有錯，但你做的事其實不重要。最後，他們會承認你是對的，你做的事非常重要，但其實，他們一直都知道這一點。」

真正令人痛苦的是來自你身邊重要人士的批評。當你崇拜、愛戴和尊敬的人對你的夢想提出批評時，那是很難受的，然而，如果你想實現夢想，也必須學會付出這種代價。第一位登上聖母峰頂的美國女性史黛西．艾利森（Stacy Allison）曾說：「人生中，有時候可以選擇不聽取他人的意見。如果當初聽了別人的建議，我也就不會攀登聖母峰了。」

那麼，何時應該聽取、何時又應該忽略他人的意見？哪些批評值得關注、哪些不值得？以下是我認為應該聽取批評者建議的情況：

- 即使對你提出批評，還是無條件愛著你。
- 提出的批評並非出於私人動機。
- 這個人不是對任何事都習慣性批評。
- 這個人在提出建議後還是會繼續支持你。
- 這個人在批評的領域有專業知識和成功經驗。

面對批評只是實現夢想不可避免的代價之一，不要讓批評影響到你的信心。作家馬克斯·盧卡多（Max Lucado）在他的《大山可以挪開》（*He Still Moves Stones*）書中談到這一點，他引用馬可福音5：36中的經文：「耶穌不理會他們說的話」，接著表示：

我喜歡這句話，講出了看不見的重要原則：不理會他人的評論，隔絕在外，關掉聲音。關上你的耳朵，必要時，轉身離開。略過那些說現在重新開始已經太遲的人。不要理會那些認為你將永遠一事無成的人。

對於那些說你不夠聰明、不夠迅速、不夠高、不夠重要等言論，充耳不聞，不予理會。信心有時始於用棉花堵住耳朵。

耶穌立刻轉向睚魯說道：「不要怕，只要信。」

耶穌鼓勵睚魯超越一般眼界層面。當耶穌說：「只要信……」時，他在呼籲：「不要將你的可能性局限於可見的範圍內，不要只聽可聽見的聲音，不要被理性束縛，要相信生命中存在更多超越肉眼可見的事物！」[4]

那些不斷追求夢想的人，即使受到他人的懷疑和批評，始終相信生活中存在更多超越眼前所見之事，這種信念是他們堅持不懈的動力之一。

二、克服恐懼的代價

你有沒有想過，動物訓練師是怎麼控制重達五噸的大象，使其無法逃跑？其實是透過操控動物的思維。一頭小象在接受訓練時，會有一條繩子綁在牠腿上，另一端綁在地面固定的木樁上。這隻小象力氣還不夠大，拚命地拉扯繩子，但始終無法拉斷或拔起木樁，最後放棄了。從那時起，每當大象的腿被固定住時，就會相信自己無法擺脫束縛，即使牠其實早就有能力逃跑了，大象牢記過去無用的掙扎。正因如此，有句諺語說：「大象永遠不會忘記。」

人也是如此，就像大象一樣，會被自己的思維限制住，通常是因為恐懼。真相是恐懼可能會奪走你的夢想。你可能會害怕失敗、害怕被拒絕、害怕出醜，或因為相信自己不會成功而不敢嘗試。如果你屈服於這些想法，相信自己無法實現夢想，那只會證明你是對的，結果就是無法達成夢想。但好消息是：恐懼是人人都會有的感覺，也是可以克服的。

當然，並非所有恐懼都是不好的，恐懼可以提醒我們注意危險，與真實情況相關的恐懼對我們會有幫助。然而，當恐懼變得失去理性或超出實際威脅時，就會傷害我們，使我們無法做到我們能做到的事，無法成為實現夢想可以成為的人。

前美國公共衛生署總署長C．埃弗雷特．庫普（C. Everett Koop）曾表示：「人們對危險的認知有時並不恰當。」他們害怕的事往往與現實脫節，例如，有人害怕搭飛機，然而他們更有可能被食物噎死，而不是死於飛機失事；有人擔心被陌生人持刀刺死，然而參與體育活動的死亡風險卻是其兩倍；有人害怕被鯊魚咬死，但農場的豬造成的死亡人數比鯊魚造成的還要多；有人害怕在醫療手術中死亡，但車禍死亡的機率卻是醫療併發症死亡的十六倍。[5]

所有的夢想都在我們的舒適圈之外，離開舒適圈是夢想實現必須付出的代價。傑克．坎菲爾（Jack Canfield）在他的長銷著作《成功準則》（*The Success Principles*）中寫道：「**把你的舒適圈想像成你生活中的一座監獄，絕大部份是自己建造的，由一連串『不能』、『必須』、『絕對不行』等毫無根據的信念構成，成為你一生中慢慢累積、日益強化的負面思維和決定。**」[6]每一種恐懼就像那座監獄的鐵欄杆。但好消息是，由於恐懼是一種情緒，那些錯誤的恐懼可以消除，我們可以從中解脫出來。然而，消除恐懼是要付出代價的。

當然，有些恐懼是有根據的，我們還是需要加以處理。劇作家大衛・馬密（David Mamet）曾寫道：

> 一九四四年六月五日，成千上萬名美國傘兵登陸諾曼第，然而，有四名士兵拒絕跳傘，你能想像嗎？有誰能想像這四個人的餘生？他們該怎樣替自己的行為辯解、合理化，或想辦法壓抑呢？事實上，他們的人生在拒絕跳傘的那一刻就已經結束。你和我的人生也一樣，當我們拒絕改變的機會，我們的生活變得停滯不前，受困於自我壓抑和虛偽的表現之中，試圖向自己辯解為何不願意深入探索生命的奧祕。人終將面對死亡，實在沒有必要在生命的中途就放棄。[7]

你不會希望生命在半途就結束！沒有人希望如此。事實上，每個人都得以某種方式付出代價，你可以屈服於恐懼，付出人生代價，或是選擇克服恐懼，勇敢活下去，這取決於你自己。

我期望你能親身體驗夢想的美好，了解凱文・邁爾斯說的：「夢想會比大多數人想像的危險和冒險得多，但會是一場精彩的逐夢旅程！」要做到這一點，你必須培養面對危險的勇氣，學會為了夢想而無畏地生活，這並非易事。作家兼歷史學家邁克・伊格納季耶夫（Michael Ignatieff）評論道：

> 無畏地生活不代表永遠不會害怕，偶爾感到害怕是正常的，有助於個人成長。真正不好的是深陷恐懼中，任由恐懼感操控你的選擇，界定你的人生。無畏地生活意味著勇敢面對恐懼，衡量其影響，拒絕讓它左右和界定你的生活。無畏地生活代表敢於承擔風險，勇於賭注，不願安於現狀。這代表在你確信答案應該得到「是」時，你不會接受「不」的回答，你會勇敢捍衛自己應得的權益、正當權利，以及努力應得的成果。[8]

無畏地生活是個人的選擇，通常決定了不同的結果：付出代價而成功實現夢想，和拒絕付出代價而失敗。正面面對代價問題需要勇氣。為了實現夢想，你必須無所畏懼地付出代價。

三、努力工作的代價

不久前我在丹佛一家公司對員工演講，一位名叫里奇・梅爾曼（Rich Melman）的聽眾走上前來，遞給我這句名言：「**想要百分之百優於競爭對手並非易事，但你可以在一百個地方都優於對手百分之一**。」這正是實現夢想所需的堅持不懈的精神。

面對現實吧，除非你付出努力，否則夢想不會成真。在追求成功的道路上，沒有電扶梯可以讓你輕鬆登頂，你必須自己攀升，而這意味著努力工作。廣受歡迎的商業專欄作家戴爾．道頓（Dale Dauten）提供了明確的建議：「如果你想在事業或生活中有創造力，只需要一個簡單步驟……也就是多付出一點。面對一個熟悉的計畫時，只需問一個問題：我們還能做什麼？」

實現夢想需要努力工作，要取得成功，你必須付出更多——比你期望的更多、超越你的競爭對手、超越你自己認為的能力極限。你必須身體力行詩人威廉．亞瑟．沃德的這些話：

我不僅僅是成員，還會積極參與。
我不僅僅會關心，還會給予幫助。
我不僅僅會相信，還會付諸實踐。
我不僅僅會追求公平，還會展現善意。
我不僅僅會寬恕，還會將之遺忘。
我不僅僅會夢想，還會付出努力。
我不僅僅會教導，還會啟發。
我不僅僅會賺錢，還會豐富人生。
我不僅僅會給予，還會服務他人。

我不僅僅會存在於世，還會茁壯成長。
我不僅僅會忍受，還會戰勝困境。[9]

你不可能輕輕鬆鬆地就實現夢想，你必須竭盡所能付出更多。儘管實現夢想可能會付出很大的代價，但努力帶來的回報是值得的。美國開國元勳湯瑪斯．潘恩（Thomas Paine）在《美國危機》（*The American Crisis*）書中寫道：「挑戰越艱難，勝利越輝煌。我們太輕易得來的東西，往往會輕視其價值，只有昂貴的代價才能賦予事物真正的價值。」

回答代價問題可以分辨出願意全心為夢想付出的人。放棄自己心愛的事物需要極大的勇氣，為了實現夢想付出代價，也需要極大的承諾和努力。即使你付出代價，也不能保證你一定會夢想成真。但我保證，如果你不付出，必定無法達成夢想。想要成功，你必須冒這個風險，必須挑戰現狀，走出舒適圈，不遺餘力地付出。

付出的意願有無限影響力

這就是泰瑞．福克斯（Terry Fox）做的事情。一九七七年，他才十八歲時就被診斷出罹患骨癌，結果右腿不得不截肢。在他接受化療和康復過程中，對於有這麼多人受癌症之苦（尤其是兒童）感到震驚。受到另一位癌症倖存者完成紐約市馬拉松的故事啟發，福克斯開始用義肢跑步。不久，他夢想著實現看似不可能的事情：橫越加拿大，為癌症研究籌募資金。

他開始準備，在十八個月內跑了超過三千一百英里（編按：將近五千公里）當作訓練。[10]由於那個時代的義肢技術還不太先進，總是讓他付出代價，每次訓練跑步之後，截肢部位就會出現囊腫和流血的傷口，然而他毫不退縮。

一九八〇年四月十二日，福克斯在紐芬蘭（Newfoundland）聖約翰附近的大西洋海岸開始他的「希望馬拉松」活動。他每天都會跑二十四至三十英里。起初他的努力並未受到太多關注，五月初當他進入新斯科細亞（Nova Scotia）時，沒什麼人迎接他，到了六月初情況依然如此，但他仍然堅持著。有人問他，在眼前還有數千英里要跑的情況下，他是怎麼保持動力的，他回答：「我就是一直奔向下一根電線杆。」[11]

直到六月底，他努力的故事逐漸引起全國人們的關注，捐款紛紛湧入，加拿大總理皮耶・杜魯道（Pierre Trudeau）特地與他會面，還有一首歌是為了向福克斯致敬而寫的，新聞媒體也報導了他的進展。

福克斯堅持了一百四十三天，跑了超過三千三百英里。他願意正面回應代價問題，甘願為此付出代價。後來他被迫在安大略省的桑德灣（Thunder Bay）停下腳步，當時是一九八〇年九月一日。他以為自己只是感冒，結果是癌症擴散到肺部。

「有人認為我正在經歷極大的苦難，」福克斯說：「或許確實有些辛苦，但我是在追求自己的理想，我的夢想即將成真。」[12]

泰瑞．福克斯第一次成功戰勝了侵襲腿部的癌症，他期待能夠再次克服。在他剛結束長跑後的新聞發表會上，福克斯說：「有多少人真正在追求自己真心相信的事？我只希望大家能夠明白，只要努力，任何事都是可能的，夢想是由人去努力實現的。」[13]他夢想要全程跑完希望馬拉松。當多倫多楓葉隊的冰球隊員提出要替他完成時，他婉拒了。遺憾的是，他未能戰勝癌症，不到一年後就去世了。

泰瑞．福克斯不屈不撓的精神永存。儘管他未能完成全程，但他的夢想在他離世後仍然實現了。甚至在他去世之前，已經有人計畫每年舉辦泰瑞．福克斯「希望馬拉松」的紀念活動，為癌症研究籌集資金。第一次活動於一九八一年在加拿大舉行，吸引了三十萬名參與者，募到三百五十萬美元。如今世界各國每年都會舉辦這項活動，到目前為止，透過泰瑞．福克斯年度馬拉松活動，全球已經募得超過四億美元的癌症研究資金。[14]

你願意為自己的夢想付出什麼？你有勇氣回答代價問題嗎？你是否願意像泰瑞．福克斯一樣無所畏懼地生活？即使不確定這樣的代價是否足以實現你的夢想，你還會願意付出嗎？我希望你的答案是肯定的。

你能否肯定回答代價問題：我願意為夢想付出代價嗎？

你的夢想對你而言有多重要？如果你對代價問題的答案不確定，就需要弄清楚這一點，你需要評估價值。首先，尋找在你感興趣的領域有經驗的人，向他們請教在該領域成功所需的資訊和建議。接下來，花一點時間思考以下問題，並寫下你的答案：

- 我願意為我的夢想付出多少？
- 我願意多快付出？
- 我願意多常付出？
- 我會如何應對未來可能的批評？
- 我會如何克服我的恐懼？
- 我願意付出多大的努力？
- 我**不**願意付出什麼代價？（記住，有些夢想代價過高。）

別忘了：夢想越大，代價就越高。如果你不願意付出可能的代價，就需要改變你的夢想，或是調整你願意承擔的代價。

08
毅力問題
我距離夢想越來越近了嗎？

光是有願景並不代表付諸實踐，如果連我們自己
都沒有體會到這個真理並確實遵循，也就無法激勵他人……
只有美好的願景是不夠的……我們必須活在其中！
——海伊格爾（High Eagle，美國物理學家）

傑克森．布朗（H. Jackson Brown）在著作《511個幸福守則》（*Life's Little Instruction Book*）中提到堅持不懈的兩條守則：「守則一，再邁出一步；守則二，當你無法再邁出一步時，回到守則一。」這就是實現夢想需要的：即使你相信自己遇到了瓶頸，也要有繼續嘗試的意願。那些追求實現夢想的人不屈不撓，他們明白只要堅持不懈，每天努力取得一點進展，就會增加夢想成真的可能性。對於毅力問題：我距離夢想越來越近了嗎？他們的答案是肯定的。

翻轉人生的堅毅女性

仔細研究領導者和企業家的生平，你會發現他們都有堅毅的特性，儘管面臨逆境、

阻礙或不公，他們還是會堅持努力下去，每天不斷朝著夢想前進。

最近我讀到伊莉莎白．凱克利（Elizabeth Keckly）的故事，她是對生命堅韌不拔的典範。她一八一八年出生在維吉尼亞州，是一名奴隸，很早就經歷了艱苦和受虐待的生活。她才四歲就被要求照顧嬰兒，五歲時因翻倒嬰兒的搖籃而遭到毆打，她被迫與父親分離，也遭到性虐待。她的主人一再告訴她，她這輩子永遠「沒有價值」。她從小就痛苦地了解到奴隸制度中的人的生活困境，她在自傳中寫道：

> 我大約七歲時，第一次目睹販賣人口的情景……主人剛剛買下冬天所需的豬隻，但付不出全額款項，為了擺脫財務困境，必須出售其中一名奴隸。廚師的兒子小喬被選為犧牲品，他的母親接到命令讓他穿上禮拜日的衣服，然後送他去主人的住所。他滿面笑容地走進房子，像豬一樣被放上磅秤，按磅數出售。他的母親被蒙在鼓裡，對交易一無所知，但她開始懷疑。當她兒子坐上前往彼得斯堡的馬車時，她漸漸意識到真相，絕望地懇求不要從她身邊帶走兒子，但主人安撫她，告訴她他只是搭馬車去城裡，明天早上就會回來。到了隔天早上，小喬並沒有回到母親身邊，日子一天又一天過去，母親到臨終前始終都沒有再見到她的孩子。有一天，她因為對失去兒子感到悲傷而受到鞭打，因為主人包威爾上校不喜歡看到他的奴隸面帶憂傷。[1]

凱克利的生活很辛苦，她形容自己猶如受過「忍耐培訓」，她被白人強暴後生下一個孩子，經常得做三個人的工作。但她也非常有毅力，善用每一個機會，她學會閱讀和寫作。她從六歲起就開始跟著母親學習，成為一名嫻熟的裁縫師，也培養了商業頭腦，最終利用這些技能改變了她的人生。

夢想獲得自由

凱克利在鄉村地區長大，然而，當她服侍的家庭搬到維吉尼亞州彼得斯堡時，發生了一件重要的事，當時二十多歲的凱克利展現出成為企業家的潛力。彼得斯堡約有一半人口是黑人，其中約三分之一是自由的黑人。[2]她在城鎮四處走動時，發現許多自由的黑人都是單身女性、擁有房產、也經營自己的生意。凱克利當時已經是一名高水準的裁縫師，她看到了發展契機。

一個夢想開始在她心中生根。務實的凱克利總是充分利用自己的奴隸生活、克服虐待、勤奮工作、保持正直。此刻，她第一次思考著，或許有朝一日她能夠獲得自由，為自己工作。哈佛大學教授珍妮佛．佛萊施納（Jennifer Fleischner）觀察到：「在這些工人階級和中產階級的黑人女性中，麗茲（即伊莉莎白）看到了像她這樣的人超越奴隸制度的可能性。來到彼得斯堡前，她不曾有過這麼多的行動或思想自由，第一次嚐到自主的滋味，她開始渴望得到更多。」[3]

她二十九歲時再次搬遷到密蘇里州的聖路易斯，這使凱克利心中的夢想變得更加強烈。她服侍的家庭正經歷著困境，為了賺錢，她開始為該家庭的女性和鎮上其他顯赫的社交名媛製作服裝。凱克利回憶說：「憑著我的針線手藝，我為十七口人維持了兩年五個月的生計。」[4]

漸漸地，她心中一直盤旋著獨立自主的念頭，無論是法律還是經濟上的自由。當她向主人提出購買自由的想法時，主人斷然拒絕，命令她永遠不要再提起此事。但那時這個夢想已經變得太重要了，她不會放棄。她在克服困境時所展現的堅韌精神，現在都集中在她希望為自己和兒子爭取自由的渴望上。「我不會就這樣放棄，」凱克利指出，「因為希望指引著我走向未來更自由、更光明的生活。」[5]有一次當她再次提起這個話題時，主人給了她一個二十五美分銀幣，告訴她乘渡輪過河到自由的伊利諾伊州。他建議她逃走，但她拒絕了。

「根據國家的法律，我是你的奴隸，你是我的主人，」她告訴主人，「只有按照我國法律規定的途徑，我才能獲得自由。」[6]

最後主人家庭的財務狀況變得非常糟糕，終於開出一千兩百美元的價碼，這是一筆巨額款項，可能相當於今天的兩萬五千美元左右，但這阻止不了凱克利，無論她的主人提出任何價碼，她都會不惜一切代價。對於像她這種毅力堅強的人來說，夢想的代價再高也不算什麼。

她原本打算前往紐約向一家慈善機構借款，但令她驚訝的是，那些找她幫忙訂製服裝的女客戶伸出援手，每人都盡其所能地提供捐助。一八五五年十一月十三日，伊莉莎白．凱克利為她自己和兒子買到了自由。她在自傳中寫道：

籌到了那一千兩百美元，我和兒子終於獲得了自由。自由，自由！這個字聽起來多麼美妙啊。自由！內心痛苦的掙扎結束了。自由！靈魂可以自由飛向天堂和上帝，不再受任何鎖鏈的束縛。自由！大地展現出更燦爛的光輝，連星星似乎也在歡唱。是的，自由！在人類法律和上帝的微笑之下，我獲得了自由，也願上天保佑那些使我獲得自由的人！[7]

雖然這筆錢是別人好心捐贈的，凱克利還是將之視為一筆借款，她在聖路易斯努力工作了五年，最終還清每一分錢。

脫離奴隸後的新身分

自由只是凱克利夢想的一部分，另一部分是成為一位成功的商人。為了實現這個夢想，她先是搬到巴爾的摩，然後再到華盛頓特區從事裁縫工作。憑藉她出色的縫紉技巧、社交能力，以及她從聖路易斯客戶那裡獲得的大力推薦，她很快就有了大量的工作，真正取得成功！然後，她心中浮現了一個更崇高的夢想。

凱克利解釋：「自從抵達華盛頓以來，我一直渴望為白宮的女士們工作，為了實現這個目標，我願意做出任何必要的犧牲。」[8]在美國再也找不到比第一夫人更顯赫的人物值得為之設計服裝了。她繼續工作，充分利用口耳相傳的優勢。一年內，凱克利實現了自己的目標，在林肯就職典禮的次日起，她成為瑪麗．陶德．林肯（Mary Todd Lincoln）的獨家裁縫、時尚顧問，有時還充當她的服裝助手。她也成為林肯夫人的閨中密友和知己，當林肯的兒子威利（Willie）去世時，凱克利安慰了她，而在總統遇刺後，有人問她：「林肯夫人，經歷這場可怕的災難，您希不希望找什麼人來陪伴？」第一夫人回答：「是的，請派伊莉莎白．凱克利來。」[9]凱克利給了林肯夫人很大的安慰。總統去世多年後，她經常形容凱克利是她最好的朋友。[10]

凱克利在華盛頓的生意蒸蒸日上，忙得不可開交，因此開了第二家分店。晚年她以縫紉教師的身分聞名。她實現了自己所有的夢想，甚至遠遠超過別人認為她的能力限度。她也很高興地發現，在南北內戰後的幾年，她的經濟狀況比她以前主人的孩子們更好，生活也更優渥。[11]如果有人問她「是否願意為實現夢想付出代價」，毫無疑問，她的回答絕對是肯定的。

你的夢想讓你變得更堅強或更脆弱？

你自己呢？你會怎麼回答毅力問題？你是否正朝著夢想更近一步？你有沒有採取積極的行動？你有堅持到底的毅力嗎？當困難出現時（這是必然會發生的），你是否更傾向於放棄？愛默生觀察到：「絕大多數人都只是剛開始。」你僅僅是一個開頭的人，還是像凱克利一樣能完成夢想？當對一個新創意的熱情消退激情冷卻、當逆境增加而成果減少、當事情看起來不可能成功的時候，你會保持你的熱情並繼續奮鬥嗎？你是否有堅持不懈的毅力？這些是真正達成夢想的人的特徵。

美國第三十任總統卡爾文．柯立芝（Calvin Coolidge）曾說：「堅持和決心本身無所不能。『堅持下去』的口號解決過人類的問題，未來也是如此。」毅力是你在追求夢想過程中會遇到許多問題的解方。想想羅伯特．皮里海軍上將（Robert Peary）嘗試了七次才成功到達北極；奧斯卡．漢默斯坦（Oscar Hammerstein）在百老匯製作了五個失敗的劇目，最後才成功推出了《奧克拉荷馬》（*Oklahoma*），創下兩千兩百一十二場演出的紀錄，吸引超過四百五十萬名觀眾；湯瑪斯．愛迪生失敗了一萬次，最後才成功研發出實用的燈泡。要實現夢想，你要在別人都放棄時依然能夠不屈不撓，發揮韌性！

幫助你接近夢想的七件事

伍德羅．威爾遜總統（Woodrow Wilson）強調夢想的重要性：「我們透過夢想成長，所有的偉大人物都是夢想家，他們在春日柔和的薄霧中或在冬季寒冷夜晚的爐火中看到夢想的事物。有些人讓那些偉大的夢想消逝，而有些人會滋養和保護夢想，在逆境中亦然，直到最終出現陽光和光明，這總是降臨在真心希望自己夢想成真的人身上。」

如果你想成為能夠滋養夢想直到實現的人，那麼你需要繼續努力、繼續朝夢想接近。為了達成這個目標，請謹記下列事項：

一、想更接近夢想，要體認到放棄是取決於你的內心而非環境

每個人在逐夢過程中都會遇到困難，如果有人失敗了，他可以為失敗找藉口、推託出了什麼問題、碰到什麼意想不到的狀況、有人讓他失望了、環境對他如何不利等等。然而，事實上外在因素不是真正的阻力，問題來自內心。大多數人阻止自己發揮潛力，他們可以假裝外界的人、事和情境才是導致失敗的原因，但其實自己才是問題所在。

成功實現夢想的人走的路不見得比未實現夢想的人輕鬆，想想伊莉莎白．凱克利，她幾乎遇到了各種阻礙，但還是成功實現了夢想。

我們不應該找藉口，反之，我們應該學習天才藝術家和發明家李奧納多．達文西的精神，他宣稱：「困難無法擊敗我，每個障礙都會屈服於堅定的決心。執著於夢想的人，心志不改。」一人必須有這種心態，才能堅持不懈地追求夢想，唯一保證失敗的就是停止嘗試。除了我們天生缺乏毅力之外，沒有無法克服的障礙。

有一個傳說，講述在亞歷山大大帝面前受審的一位士兵，覺得判決不公而要求上訴。征服者告訴士兵，除他之外，沒有更高位階的人可以聽取他的上訴，士兵回答說：「既然如此，

我要將我的案件從小亞歷山大（Alexander the Small）上訴到偉大的亞歷山大（Alexander the Great）。」（譯注：士兵以幽默而巧妙的方式表達自己尋求公正的渴望，將亞歷山大大帝 Alexander the Great 的名字諷刺為 Alexander the Small。）

這個故事可能是虛構的，但指出了我們必須面對的一個真理。在每個人內心，都有一個低層次的自我和一個高層次的自我在爭奪主導地位。低層次的自我引領我們走向失敗，高層次的自我則引領我們走向勝利，比如：

低層次自我說：「沒什麼人相信你，你永遠不會成功。」

高層次自我說：「我對自己有信心就夠了，我一定能成功。」

歐普拉讀書會（Oprah Book Club）的推薦書籍《後路》（Back Roads，暫譯）作者唐妮・奧德爾（Tawni O'Dell）聽從了正面自我的聲音，她說：「永遠不要放棄你的夢想，堅持不懈很重要。別人說你應該放棄，如果你自己都沒有堅持的渴望和自信，你永遠無法做到。」[12]

低層次自我說：「你花太多時間在追求實現夢想了。」

高層次自我說：「夢想是一步一步實現的。」

哥倫布的日記顯示，他在經歷惡劣風暴、面對損壞的船隻、忍受匱乏、擔憂叛變的航行過程中，培養了高層次的自我，不受低層次自我的影響。日復一日，他的航海日誌都記載相同的事：「今天我們繼續航行。」

低層次自我說：「夠了！你已經忍受夠多打擊了。」

高層次自我說：「我已經努力了這麼久，現在不該輕言放棄。」

作家H.E. 詹森（H. E. Jensen）肯定是聽從了高層次自我才會說：「獲勝的人在比賽中可能數次被判失敗，但他沒有聽到裁判的計數。」

低層次自我說：「你沒有足夠的力量堅守夢想。」

高層次自我說：「再堅持一會兒，黎明前總是最黑暗的。」

小說家哈里特·比徹·斯托（Harriet Beecher Stowe）遵從正面自我的聲音：「當你陷入困境，諸事不順，好像連一分鐘都撐不下去的時候，千萬不要放棄，因為那正是時來運轉的一刻。」

因此，當遇到困境、面對巨大障礙、困難重重、夢想似乎遙不可及時，你的任務很簡單，就是繼續前進。如果你停下來，不是因為周遭環境發生變化，而是因為你的心態轉變。成功可能比你想像的更接近，只要繼續前進。

二、想更接近夢想，多用激勵的語言

一九七〇年代初，當我試圖應對困難的領導問題時，幾個月過去了，我還是找不出答案，我感覺自己有點想放棄。但我天生不是輕言放棄的人——我痛恨失敗。有一天，我在惱怒之下拿出一本字典，查閱「放棄」這個字的定義，花了幾分鐘考慮那個選項，但就是沒辦法這麼做。為了象徵性地表達反抗，我拿起剪刀，把字典中「放棄」（quit）這個字剪掉，也從我的詞彙中刪除了。我會盡一切所能取得成功。這樣做沒有解決我的問題，但確實加強了我的決心。

如果想要實現夢想，你需要關注自己說的話。法國小說家艾米爾·德·吉拉丹（Emile de Girardin）曾經強調言語的力量：「言語的影響力是巨大的，巧妙的話語可以阻止軍隊，把失敗轉化為勝利，拯救帝國。」你說的話能使你更接近或更遠離夢想。看看下列陳述之間的差異：

辦得到	辦不到
我們有機會成為第一	我們以前從未嘗試過
需求是發明的動力	我們沒有足夠的資源

我們會改變工作方式	沒有足夠的時間
我們從經驗中學習	我們已經嘗試過了
想想各種可能性	這是浪費時間
讓我們聯繫那些有經驗的人	我們沒有專業知識
讓我們向他們展示機會所在	我們的供應商不會同意
或許可以削減一些項目	我們沒有足夠的經費
我們是精練、渴望成功的團隊	我們的人手不足
或許我們可以考慮外包	我們沒有適當的設備
讓我們再試一次	情況不會改善
我已經準備好學習新事物	交給別人去處理吧
讓我們冒險一次吧	這太偏激了
一旦他們理解就會喜歡	我們的客戶不會接受
我很樂意承擔責任	不是我的工作
沒問題，我能！	我不能！

如果你認為自己辦不到某件事，就算你有足夠的才能、時間、資源、策略和合作夥伴也無

法成功。只有那些相信自己能夠成功的人才能實現夢想。雖然對自己有信心不保證一定會成功，但對自己沒信心注定會失敗。

我喜歡波音公司創辦人比爾．波音（Bill Boeing）的觀點，他於一九一六年創立了波音公司。以前公司總部的牌匾上有一句他的名言：「對於任何新奇的想法都不應該輕易說『做不到』。我們的任務是不斷研究和實驗，盡早將實驗室轉化為生產力，絕不錯失飛行和設備上任何創新改進的機會。」這種態度使他的夢想和波音公司活躍至今！

三、想更接近夢想，別等待每件事就定位才行動

喜劇演員喬納森．溫特斯（Jonathan Winters）建議說：「如果你的船未能靠岸，就那游向它。」許多人站在碼頭等待，希望船靠岸停好，舷梯完美擺放，天氣宜人，還需要一份刻上名字的邀請函，才願意向前邁出一步！這永遠不可能發生。為什麼？因為夢想不會自己靠近我們，我們必須主動邁向夢想。傑克．坎菲爾在他精彩的《成功準則》一書中寫道：

> 該是時候停止等待這些事——
> 完美
> 靈機一動

許可

肯定

別人改變

對的人出現

孩子離家

更有利的星座運勢

新的領導層接管

無風險的環境

別人發現你

明確的指示

自信心提升

痛苦自動消失[13]

換句話說，追求夢想的時機永遠不會完美。現實是環境條件可能看起來不太有利，但無論如何，還是要展現堅定決心持續行動。

四、想更接近夢想，就要改變你的思維

如果你比較那些輕言放棄的人和那些堅持不懈追求夢想的人的思維方式，你知道有一個重要區別是什麼嗎？信不信由你，成功的人不會花太多時間想著必須做什麼，反而會花大約兩倍的時間反思已經取得的成就和自己實現目標的能力。

我喜歡退休籃球教練約翰．伍登表達的想法：「善於因應事態變化的人，能得到最好的結果。」成功的人相信自己可以完成任務，大部分都喜歡自己做的事，而這些事很重要，因為追求夢想是一段崎嶇的旅程，是一條上坡路，有很多死巷，只有正確思維的人才能走出對的路。

成功者與不成功者之間最大的鴻溝是思維差距。成功者的思考方式不同於不成功者，尤其是面對失敗時，成功者將失敗視為不可或缺的一部分，並勇於克服。約納斯．沙克是一位醫生、研究科學家和開發脊髓灰質炎疫苗的人，曾觀察說道：

當我以實驗者的角度看待經驗時，就某種意義而言，每一步都算是成功，除了告訴你什麼事該做，也告訴你什麼事不該做。我常常在實驗室聽到有人說某實驗沒成功，我會說：「太好了，我們已經取得一個重大發現！」如果你原本以為會成功，結果沒有成功，這結果同樣具有啟發價值。因此，我的態度不是迴避陷阱，而是迎接挑戰，思考「大自然想要傳達什麼訊息？」[14]

這種毅力來自正確的思維，也是成功人士的標誌，他們不斷嘗試、不斷學習、不斷向前邁進、在心中戰勝困難，然後流露在他們的行動中，展現了與發明家愛迪生相同的態度，愛迪生曾說：「當我非常確定一個結果是值得追求的時候，我就會毫不猶豫去嘗試，不斷試驗，直到成功為止。」如果你想繼續追尋夢想，就需要有類似的態度。

五、想更接近夢想，要體認到夢想資源會隨著你停止而終結

我們追求夢想的過程和所需資源之間存在密切的關係，我們往往希望在開始之前先看到或擁有這些資源，但如果這樣的話，我們既不會有資源，也不會有行動。反之，我們要像幽默故事中的蝸牛一樣，在二月寒冷的天氣中開始爬上蘋果樹，當牠一步一步地往上爬時，一條蟲從樹縫中探出頭來說：「你在浪費精力，上面沒有蘋果。」

「不，」蝸牛回答，一邊繼續攀爬，「等我爬到那裡的時候就有蘋果了！」[15]這個故事有點老套，但道理很真實。只有不斷向前邁進，我們才會有機會獲得成功所需的一切。

一九九五年我和我兄弟賴瑞共同創辦 EQUIP 這個非營利組織，已經在全球培訓了超過兩百萬名領導人。有一次在圓石灘（Pebble Beach）慶祝組織成立十週年的活動上，我有機會向 EQUIP 的三百名贊助者發表演說。當我看著為國際領導人培訓夢想提供財務支持的那些男男女女的面孔時，我發現在 EQUIP 成立之初，我只認識其中大約二十五位，而超過百分之九十的重

要支持者及其提供的資源，都是在我們開始行動之後才加入的。創立EQUIP並不是因為我們已經擁有所需的資源，而是因為我們需要那些資源。

向來都是這樣的，夢想願景不是隨著資源而來，而是相反：**我們都是先有夢想，然後必須勇往直前，唯有如此，人力和資源才會跟隨而來**。正如商人兼作家克萊門．史東（W. Clement Stone）說的：「只有當一個人拒絕放棄時，努力才會有回報。」

六、想更接近夢想，就要每天實踐五件特定的事

包括我在內的數百萬讀者都受到馬克．維克多．漢森（Mark Victor Hansen）和傑克．坎菲爾心靈雞湯系列書籍中的故事啟發。我覺得大多數人都認為出版社會爭相找機會推出這些書籍，但其實並非如此。這是一場艱苦的奮鬥，漢森和坎菲爾一直找不到有興趣的出版社，書籍印刷完成後又不容易找到願意購買的人。他們進行了大量研究，與許多成功的作者交談，而最終幫助他們扭轉局面的是一位名叫斯科拉斯蒂科（Scolastico）的老師給的建議，他說：「如果你每天都去一棵大樹前，用一把非常鋒利的斧頭砍五下，不管這棵樹有多麼巨大，最終必然倒下。」

從那個建議，作者們發展出他們所謂的「五項法則」，每天都會完成五件特定的事，使他們更接近銷售書籍的夢想，他們寫道：

為了達成將《心靈雞湯》推上紐約時報暢銷書排行榜的目標，這代表每天要完成五個特定的任務，包括進行五場廣播訪談、免費寄送五本書給可能評論這本書的編輯、致電五家網路行銷公司請求他們購買此書做為鼓舞銷售人員的工具，或是舉辦一場參加人數至少五人的研討會，並在場地後方銷售書籍。有時候我們只是簡單從名人通訊錄中列出的人物寄送五本免費樣書，例如哈里遜．福特、芭芭拉．史翠珊、保羅．麥卡尼（Paul McCartney）、史蒂芬．史匹柏和薛尼．鮑迪（Sidney Poitier）等人。由於某個特定活動，我最終有機會應薛尼．鮑迪的要求見到他本人，後來我們得知，電視節目《與天使有約》（*Touched by an Angel*）的製作人要求所有工作人員都要讀《心靈雞湯》，讓大家培養「正確的心態」。有一天我們寄送免費樣書給辛普森案（O. J. Simpson trial，編按：前美式足球球星辛普森被指控謀殺前妻，引發社會高度關注，最終獲判無罪）所有陪審員，一週後，我們收到法官蘭斯．伊藤（Lance Ito）的來信，感謝我們記得這些被隔離、不得收看電視或閱讀報紙的陪審員。隔天有四名陪審員被媒體拍到正在讀這本書，為這本書帶來一些可貴的公關形象。

我們打電話給能夠評論這本書的人、撰寫新聞稿、致電參加脫口秀節目（有些甚至在凌晨三點）、在演講中免費贈書、寄書給牧師當作講道的素材、在教堂舉辦免費的心靈雞湯講座、在任何願意接待我們的書店舉辦簽書活動、請求企業為員工購買大量書籍、將這本書送到軍事基地販賣部、請同行在演講時幫忙推銷這本書、請研討會組織將本書列入選書。我們也購買了一份選書指南，聯繫所有合適的選書，請求將本書列入其中，我們參觀了禮品店和卡片商店，請求協助銷售本書，我們甚至讓加油站、麵包店和餐廳加入銷售行列。這需要大量的努力——每天至少要做五件事情，日復一日，連續兩年以上。[16]

使用五項法則是否有效呢？由你來判斷。心靈雞湯系列已經出版了一百七十本不同書籍，涵蓋四十一個語言版本，銷售量達一．一二億冊。[17]如果你能夠以相同的毅力持續去做，我敢打賭，你也會朝著夢想取得巨大的進展！

七、想更接近夢想，切記當你以為已經用盡一切辦法了，其實還有其他出路

多年前，我有一位行政助理名叫芭芭拉．布魯馬金（Barbara Brumagin）。就像我現任的長期助理琳達．艾格斯（Linda Eggers）一樣，芭芭拉的表現非常出色，我將永遠感激她那些年來為我提供的服務。我清楚地記得我們早期合作中的一個轉折點，她表現出的毅力使她與我多年來共事過的大多數人區分開來。

當時芭芭拉剛成為我的助理幾個星期，我請她幫我找某一個人的電話號碼，幾分鐘後，芭芭拉回到我辦公室告知她找不到那個號碼，那是在一九八〇年代初期，那時還沒有網路可以輕鬆完成這樣的任務。

我說：「芭芭拉，這樣不行，」我意識到，接下來幾分鐘內發生的事將影響我們的工作關係，「拿你的名片盒轉盤過來，然後坐在我旁邊。」

我翻閱名片盒轉盤上的電話號碼，尋找一個起點，然後開始打電話，沿著每條線索進行，一邊隨手記下筆記和號碼，這不是一個簡單的任務，但大約四十五分鐘後，我終於找到我要的號碼，然後交給她說：「芭芭拉，總是有辦法找到答案的，完成任務是你的工作，希望我們以後不會再有這類對話。」你猜怎麼樣？真的再也沒發生過這類事，也許有時無法快速得到我想要的東西，但芭芭拉從不放棄。

如果你想實現你的夢想，就不能輕言放棄，即使每條路看起來都像是死路，讓你覺得已經想盡了一切辦法，但其實不然。總有其他方法、其他選擇、其他機會，即使眼前看不到，也不要放棄。

前重量級拳王傑克．登普西（Jack Dempsey）曾說：「冠軍是在無法起來的時候起來的人。」我相信那些實現夢想的人，會在認為他們辦不到時仍持續下去，他們有堅韌的毅力，因此，每天都距離夢想越來越近。有些時候他們或許一次只移動幾英寸，但是一直在向前邁進。

夢想不僅是指引未來方向的願景，也是評估每天的進展和激勵自己持之以恆的工具。如果你選擇了合適的夢想，就必須堅定不移地努力追求。

你能否肯定回答毅力問題：我距離夢想越來越近了嗎？

如果你距離夢想還很遠，可能在逐夢過程中缺乏足夠毅力。想要培養更強大的毅力，關鍵是要做出改變，而不是在相同的事情上更努力。思考本章提到的哪些方面是你需要關注的：

改變你的思維。你是否認為自己無法成功？你是否消極看待你自己或你正在做的事？你是否會因為條件不利而害怕開始？缺乏所需的資源時，你是否就停止努力？如果是，你需要調整你的思維。如今你可以採取哪些不同行動來打破消極想法的惡性循環？

改變你的觀點。對於實現夢想，你是否抱持短視近利的心態？你是否期望在幾天、幾週或幾個月內就取得成功？記住，夢想越大，實現夢想可能需要的時間就越長。重新調整你的期望值，為實現夢想制定一個更合理的時間表。

改變你的行事習慣。採用「五項法則」，今天你可以做哪五件事來推動目標，即使是小小的進展，也有助你更接近自己的夢想？不要忘記作家兼出版商羅伯特·科利爾（Robert Collier）的至理名言：「成功是由小小的努力累積起來，日復一日持續進行。」

09
滿足問題
為夢想努力是否帶來滿足感？

如果一個人充滿信心地朝著夢想前進，並努力過上理想的生活，
他將會在平凡時刻獲得意想不到的成功。[1]
——亨利・大衛・梭羅（Henry David Thoreau）

如果你對夢想充滿熱情，你或許有精力和動機採取行動來追求夢想。如果你對代價問題給了肯定的答案，那就代表你已經準備好為實現夢想犧牲。如果你很有毅力，就算碰到困難，你也不會輕言放棄。這些特質足以讓你堅持下去嗎？或許可以，但是必須思考另一個問題，你追求的夢想是否值得你付出一切努力、時間和注意力。你必須回答這個問題：為夢想努力是否帶來滿足感？

「這真的重要嗎？」你可能會問，「只要我實現了夢想而沒有違背價值觀，是否滿足有什麼關係？」

我相信大有關係，因為**實現夢想不僅只是你取得的成就，更關乎過程中你成為什麼樣的人！**偉大的夢想不只是一個終點目標，更是啟動一段精彩旅程的催化劑。如果旅程

正確，那麼關於滿足問題你的回答就會是肯定的。我不是說終點目標不重要，但我會說，即使你最終未能實現夢想，這段旅程還是很值得。為什麼？因為逐夢的過程本身就令人滿足。

是滿足感還是失落感？

夢想的誕生到夢想成真之間總是存在著鴻溝，你必須自問，這其間的差距帶來的是滿足感還是失落感？如果是後者，大多時候你都會感到很痛苦，每天被失落感環繞，會降低你持續追求夢想的可能性。

作家兼行銷專家賽斯．高汀（Seth Godin）有一本著作，將開始從事某事和真正看到顯著結果之間的差距稱為「低谷」（the dip），他說每個人都應該嘗試讓自己做的事成為世界最好的，他認為這是成功的唯一途徑（任何我們可能在從事的事，如果不能達到這樣的高度，就是一條死路，應該放棄）。但要成為最好的，必須先經歷所謂的低谷，就像：「一個谷底接著一座陡峭而高聳的山峰，比喻中的山峰象徵必須努力攀爬才能達到的成就顛峰。」

高汀說：「所有的成功或失敗都有相同之處。當我們做非凡卓越的事時就會成功，放棄得太早時就會失敗。當我們做的事是世界最好時就會成功，因為那些不敢放下的事務而分心時就會失敗。」[2] 高汀認為，低谷越大，潛在的回報就越大，因為低谷會淘汰其他可能嘗試走相同道路的人。我會說，低谷代表一個人必須面對的逆境，也代表想達到期望結果而必須克服的學習曲線。要達成夢想，我們必須經歷理想和實現之間的差距，這意味著克服障礙，應對困難的學習曲線，並努力付出，如果在過程中沒有帶來強烈的滿足感，我們將陷入困境。

從華爾街到非洲窮鄉僻壤

我總是對那些放棄成功事業去追求夢想的人感到好奇。最近，我在《財星》和《富比士》雜誌上看到一篇人物專訪，她的名字叫賈桂琳．諾佛葛拉茲（Jacqueline Novogratz），放棄了她在華爾街成功且利潤豐厚的職業，轉而追求她覺得更有滿足感的事業。

諾佛葛拉茲在商業方面有天賦，她是七個兄弟姊妹中的老大，自食其力完成大學學業，然後加入摩根大通曼哈頓銀行（Chase Manhattan Bank）國際業務部門。你可以說，商業和金融似乎是她的家族與生俱來的能力，她的三個兄弟姊妹也走上類似的職業道路，現在都在金融領域擁有高知名度。其中一位是她弟弟麥克，是堡壘投資集團（Fortress Investment Group）的總裁，曾在二〇〇七年榮登《富比士》全球最富有的億萬富翁榜單。[3]

賈桂琳．諾佛葛拉茲將亨利．福特（Henry Ford）視為她的商業典範之一，因為他「看到了商業和消費者之間的連結——他明白旗下工人也是他的目標市場，創造了能提高工資的就業機會，並生產工人負擔得起的產品。」[4]

除了有敏銳的金融頭腦之外，諾佛葛拉茲對人也充滿愛心，一直有強烈意願想幫助不幸的人。她將印度領袖甘地視為另一位典範，因為他「理解人類平等和尊嚴的重要性」，也很欽佩「他做為行銷者和溝通專家的才華，透過象徵手法和言辭表達，他能夠感動整個歐亞大陸，進而影響全世界。」[5]

在摩根大通曼哈頓銀行工作的三年期間，諾佛葛拉茲跑遍世界，造訪四十個國家，她到訪巴西時，該國正經歷債務危機，這對她產生了深遠的影響，她說：「我看到許多人生活在貧民窟中，根本無法獲得銀行信貸，同時我們卻放棄追討富人數百萬美元的貸款，這種情況大有問題。」[6]她辭去工作，開始新的方向，想要幫助世界上最貧困的人。

諾佛葛拉茲回憶起自己年輕、充滿理想的時候抵達象牙海岸的情景：「我剛離開華爾街，頭髮剪得像學者瑪格麗特．米德（Margaret Mead），幾乎所有家當都送掉了，只帶著一些詩、幾件衣服，當然還有一把吉他，因為我要拯救世界，我想可以從非洲大陸開始。」[7]不用說，她有點天真，但她確實投身於一個小額信貸計畫，能同時滿足她幫助他人的願望和對商業的熱愛。她聽說在盧安達共和國的基加利（Kigali, Rwanda）有一家由二十名妓女經營的麵包店。她前去調查時，發現是一群未婚媽媽得到教會支持在一家虧損的麵包店忙碌工作，她決心幫助她們將之變成一個可盈利的生意，最終她做到了，這些女性從每天得到五十美分的慈善援助，提升到每天工資達到國家平均水準的三倍。

諾佛葛拉茲在華爾街工作時，說她看到了「資本創造企業的力量，以及企業創造變革的力量」。[8]隨著經驗的積累，她的願景變得更清晰，想要利用企業的力量和永續發展，與慈善機構幫助貧困族群的願望相結合。她進入史丹佛大學獲得工商管理碩士學位，然後，在二〇〇一年成立Acumen Fund，網站是這樣介紹的：

Acumen Fund是一家非營利的全球創投基金，利用企業方法解決全球貧困問題。我們致力證明，只要運用少量的慈善資本，結合豐富的商業智慧，就能建立蓬勃發展的企業，服務眾多貧困人口。我們的投資重點是透過創新、市場導向方法提供負擔得起的重要商品和服務，如健康、水、住房和能源。[9]

諾佛葛拉茲注意到，光靠慈善機構無法為貧困人口解決問題，因為並未提供長遠的解決方案，而光靠企業也無法幫助最貧窮的人，因為企業通常追求投資的快速回報，而非關注貧困人口。諾佛葛拉茲表示：「可採用以市場為導向的方法支持永續企業，有潛力在慈善資金用盡後繼續成長，使得生活在貧困中的人有長期解決自身問題的能力。我們的目標是改變世界對待貧困人口的方式，不將之視為只能被動接受慈善捐助，而是有能力掌控自己命運的個體。」[10]

許多慈善組織透過小額信貸方式幫助發展中國家的人，例如，提供婦女一百五十美元的貸款購買縫紉機。Acumen 採取不同的方法，在埃及、印度、肯亞、巴基斯坦和坦桑尼亞等國家，投資六十萬至一百萬美元，支持提供產品和服務給貧困人口的企業，同時在這些國家創造就業機會。到我寫作這年為止，Acumen 在亞洲和非洲共投資了兩千七百萬美元，支持十八家不同類型的企業，包括孟買的醫療服務、坦桑尼亞的防瘧蚊帳化學處理、巴基斯坦的可負擔住房、以及印度小農的滴灌系統。

當諾佛葛拉茲開始在非洲工作時，她以為自己會很快改變世界，經歷二十年後，她不再天真，但她對自己的工作依然充滿熱情。顯然，這份工作帶給她滿足感，「即使這只是個開始，」她說，「真正巨大的改變帶來的滿足感非常驚人，因此我們不能只是胡亂處理一、兩百個人的問題，我們需要致力於改變數百萬人的生活，我認為我們可以在全世界實現這個目標。」11

在逐夢過程中找出滿足感

如果你希望追求夢想是可持續的，就必須從過程中獲得滿足感，你必須能夠肯定地回答滿足問題，就像賈桂琳．諾佛葛拉茲一樣。要如何做到呢？透過學習其他成功人士的經驗，我們得以了解夢想誕生和實現之間的歷程，如下所列：

一、滿足的人了解夢想與現實的差異

如果你對第三章現實問題的回答是肯定的，那麼你的夢想是可以實現的。然而，你腦海中夢想的理想畫面卻有可能不切實際，如果你想在追求夢想的過程中得到滿足感，理解這一點是很重要的，否則你注定會感到挫敗。

最近，我聽了演講家兼顧問丹．蘇利文（Dan Sullivan）的一段錄音，當中描述了「理想」和「現實」之間的區別，他說理想是「一種『心理建構』——人類大腦的一種機制——使我們能夠理解未來。理想是我們對未來期望事件和情境的一種想像，使我們能夠向前邁進，理想其實只存在於我們的心中，無法實現。」[12]

為什麼你心中的理想畫面無法實現呢？因為這種理想要求一切都完美無缺，而這是不可能的，生活充滿了各種意外，無論是好是壞。如果你需要理想畫面完全實現才會感到滿足，那麼你永遠得不到滿足，永遠都會感到失望。

這不代表你應該放棄你憧憬的理想，這對於確立目標、找到內在動力並追求卓越是有用的，然而，你也需要有所節制。理想化的夢想會希望能立即實現，而務實的夢想則讓你珍惜追求夢想所需的時間。理想化的夢想無法容忍任何不完美，而務實的夢想則讓你保留人性和不完美的空間。理想化的夢想會讓你失望，而務實的夢想會讓你準備好迎接成功。

二、滿足的人明白夢想的大小決定了夢想與實現之間差距的大小

夢想越大，潛在的滿足感就越大，然而，夢想越大，從夢想誕生和實現之間的差距也越大。如果你選擇了一個宏偉、艱難、極具挑戰的目標，亦即吉姆．柯林斯（Jim Collins）所謂的BHAG（Big, Hairy, Audacious Goals，膽大包天的目標），那麼你就得面對同樣巨大的挑戰。如果你選擇了一個終極目標（MOAG，mother of all goals），可以預料這將會是一個無比巨大的困難和挑戰！事實正是如此，飛機越大，跑道越長；目標越大，實現的差距也越大。

安德魯．卡內基是美國二十世紀初最富有的人之一，他曾說：「如果你想要快樂，就設定一個能指引你思考、釋放你的能量，並激發希望的目標。」雖然這是很好的建議，但要記住，這也代表你需要走一段漫長的旅程，過程可能會讓很多人精疲力竭。如果你想完成這次旅程，需要有堅定的決心來支持你前進，需要創造力來克服阻礙，也需要他人的幫助來分擔重擔。

三、滿足的人在逐夢旅途中也繼續夢想

為了保持夢想的活力，並在逐夢的過程中找到滿足感，我們必須允許自己繼續夢想，這是人類存在很重要的一部分，讓我們有能力堅持下去。諾貝爾獎得主約翰．史坦貝克（John Steinbeck）在創作《伊甸園之東》（*East of Eden*）時，曾寫信給他的編輯說：

我打算記述亞當的人生規畫，即使他一個也實現不了，這並不重要，計畫是真實具體的，而不是經驗。豐富的人生充滿各種計畫，即使最終未能完全實現，至少也實現了一點點，就算實現了但結果可能不如預期。正因如此，對於旅行的描述，會隨著時間一久而變得更加精彩。我也相信，如果你了解一個人的計畫，就能更深入了解這個人，遠超過其他方式。計畫是一種白日夢，是衡量一個人的絕對標準。因此，如果我著重於探討計畫，是為了更全面地呈現一個人的整體形象。

人生多麼奇妙，可以深入檢視其中的偉大之處。人類本身有一些奇異的特質。我想，人和其他動物最大的不同就在於夢想和計畫。[13]

我認為，大多數有創意的人都本能地了解夢想對於激發靈感、動力和滿足感的重要性。電影星際大戰系列創作者兼製片人喬治・盧卡斯表示，在困難時期，使他和同事堅持下去的一個動力是：「我們總是在夢想著未來會怎麼樣。」

如果你不是一個天生有創意的人，你可能需要學習如何持續夢想，如果你能以幽默的方式做到這一點那就更好了。有人告訴我，他看到一名大學生在校園內騎腳踏車，他的T恤上印有這樣的標語：「我將成為一名醫生」，腳踏車上也有標語寫著：「我將成為一輛賓士」，這是一個已經學會持續夢想的人。

四、滿足的人珍惜旅程中前進的每一步

我有一個朋友，每次我問他近況時，他總是給我同樣的回答：「我正過著夢想的生活。」這是否代表他已經實現了夢想呢？不是的。他的意思是，對於滿足問題，他的回答是肯定的，光是朝著夢想努力就帶給他滿足感！

作家兼演說家吉姆．羅恩（Jim Rohn）指出：「成功的兩大殺手是急躁和貪婪。」我相信這些通常也是夢想的敵人。大多數人都想要快速而戲劇性的成果，然而**大部分夢想其實都是慢慢實現的**，結果也不那麼驚人。如果你在生活中已經實現了一些主要目標，就會知道這沒有想像中那麼令人振奮，因此，你需要**學會在過程中找到滿足感，在小小的進展中找到成就感**。航空界的先驅愛蜜莉亞．艾爾哈特（Amelia Earhart）曾說：「你可以做任何你決定要做的事，你可以採取行動來改變和掌控自己的生活，過程本身就是一種回報。」

我認識最成功、最滿足的人都喜歡追逐夢想的旅程，其中一位就是加州大學洛杉磯分校傳奇教練約翰．伍登。他在《團隊，從傳球開始》（*The Essential Wooden*）的著作中，談到自己在整個職業生涯中享受工作過程的樂趣：

如果我能回到過去，選擇人生中的一天再活一次，特別是體育，我的選擇可能會讓你感到意外。那不會是一九二七年我們馬丁斯維爾高中（Martinsville High School）籃球隊贏得印第

安納州錦標賽的那一天，也不會是我在普渡大學鍋爐工隊（Purdue Boilermaker）打球，或是在印第安納州立大學師範學院或加州大學洛杉磯分校擔任教練的任何一場比賽。如果我能回到過去，我的選擇會是想再進行一天體育館裡的訓練。身為一名教練，每天訓練我的球員如何在團隊中取得成功，無疑是我做過最充實、最令人興奮和難忘的事。

「旅程勝於目的地。」塞凡提斯曾經寫道。奮鬥、規畫、教導和學習、追求（這些當然就是旅程）對我來說勝過一切，包括成就紀錄、頭銜或全國冠軍。獎項和肯定、最終得分，都有各自的價值，我並非不重視這些，但是對我來說，塞凡提斯是對的：我的喜悅在於整個旅程。也許你可以檢視自己的幸福之源——喜悅，是來自你的旅途，還是只存在於獎賞或目的地呢？[14]

伍登在教練生涯取得的成就，幾乎超越了任何體育運動的教練，人們夢想擁有他成功的一小部分，然而，他的喜悅並不在榮獲八次國家冠軍，也不在完美賽季，而是在整個旅程。

五、滿足的人在夢想和實現的差距中不斷有新的發現

如果你持續朝夢想前進，同時留意周遭變化，最終你將會遇到令人驚奇的發現。日本科學家田中耕一描述這種現象，以及這是怎麼發生在他愉悅地追求夢想的過程中。在嘗試用激光製

造離子的期間，他說：「我失敗了好幾個星期甚至好幾個月，直到最後才成功地製造了一個離子，為什麼我繼續實驗下去呢？因為我喜歡，對我來說，發現一些以前不知道的事情很有趣，而這種樂趣使我能堅持下去。」這種堅持不懈幫他贏得諾貝爾化學獎。

逐夢過程中，你可能會有許多美妙的發現，沒有什麼比你對自己的深刻了解更重要的了，我知道對我來說正是如此。當你追隨自己的夢想時，你會發現你比自己以為的更有毅力，比想像的更能機智應對，你會去到一些地方，做到你以前認為不可能做到的事。

追求夢想使我走出舒適圈，提升我的思維，給予我信心，確認我的人生目標。我的夢想追求和個人成長已經緊密地交織在一起，讓我不禁自問，**是我創造了夢想，還是夢想造就了我？**

作家湯瑪斯．默頓（Thomas Merton）曾寫到，我們已經擁有自己所需的一切。他的意思是，我們無需追逐外在事物來尋找滿足感，這其實是一種心態問題，我們可以選擇知足，對生活滿意，不是因為安於現狀，而是透過發現和追逐夢想。夢想最大的價值不在於從中獲得了什麼，而是在於透過追求夢想你成為什麼樣的人，**最終，我們征服的不是夢想，而是自己**。如果願意在追求夢想的過程中尋找滿足感，我們都可以在這個過程中發現真正的自己。

人類心靈是一種奇蹟，一旦接受新觀念或學到新的真理，就永遠改變了，經過延伸就會呈現新的形狀。當我們發現內在成長時，就會體驗到外在的收穫。此時我們就會滿足，難怪童書作家伊莉莎白．科茨沃斯（Elizabeth Coatsworth）說：「當我夢想時，我不受年齡拘束。」

六、滿足的人相信平衡的自然法則：人生有好有壞

樂觀主義者傾向認為人生一切都美好，悲觀主義者則認為一切都不好。事實上兩者都不對，人生既有美好的一面也有壞的一面，只有那些明白並樂於接受這個現實的人才能找到滿足感。為什麼？因為那些知道卻不欣然接受現實的人容易變得麻木，面對每一個困難只會聳肩嘆氣，他們或許能生存下來，卻不會成功。

想要實現夢想並在過程中感到滿足，就要積極主動，無論逆境或順境都一樣。多年來，我觀察到成功人士有一個特點，無論感覺如何，他們始終做正確的事，做正確的事使他們感覺良好。反之，不成功的人會等到感覺對了才會採取行動，結果就是，他們既沒有做到該做的事也不覺得好。

你在逐夢過程中，很多時候可能會感到沒有動力採取行動以實現夢想。然而，儘管如此，你還是需要努力去做該做的事。南非前總統曼德拉就是這麼做的，他無論如何都一直在做正確的事，他說：「我領悟到一個祕密，那就是在攀登了一座高山之後，會發現還有更多的山峰等著去征服，**我在此稍事休息，欣賞周圍壯麗的景色，回顧我走過的路。但我只能停留片刻，因為自由伴隨著責任，我不能徘徊，因為我的漫漫長路尚未結束。**」[15]

如果你總是能做正確的事——不論感覺如何、不論情況如何、也不理會他人可能的回應——你將對自己感到滿意。而在一天結束時，這將大大地影響你是否感到充實滿足。

享受這段旅程

有一句古老諺語說，如果你熱愛自己的工作，你一輩子都不會感覺在工作，我不認為這說法完全正確。即使是熱愛工作的人也要非常努力，或許必須做一些不喜歡做的事情，或許必須用盡很大的力氣走出舒適圈。更準確的說法可能是，如果你在做自己相信的事情，你付出的努力將帶給你深切的滿足感，這份工作將是充實的。

美國小說家娥蘇拉．勒瑰恩（Ursula K. Le Guin）曾說：「設定旅途終點是好事，但最終真正重要的是整個旅程的經歷。」我認識很多人都有目的地症候群，認為人生到達目的地後會帶給他們幸福。真是可惜，因為事實上許多時候當我們達到自己期望的目標時，會發現這不是我們預期的。如果你過分執著於目的地，即使是夢想的目的地，你可能會錯過沿途發生的所有美好事物，也會錯過當下的喜悅。如果你堅信**有一天**才會是你人生中最美好的一天，你**今天**可能就不會全力以赴，也無法從中獲得滿足。

如果你人生中沒有做一些有意義的事，那麼生命再長都無關緊要了。光是求生存不夠，你需要真正活出生命的價值。單純度過生命的旅程沒有什麼特別之處，這正是拳擊電影中洛基．巴波亞（Rocky Balboa）的目標。他認為自己沒有機會贏得比賽，因此他的目標就是堅持到底，不讓自己太過難堪，不被擊倒。在參加這場重大比賽之前，他沒有目標，只是力求生存，回應周遭人的舉動。但當他設定了第一個目標，追求第一個夢想，一切就改變了。他在追求目標的過程中，發現他的潛力遠遠超乎自己的想像。他享受這個過程，這讓他有了動力追求更大的夢想。當然，後來的系列電影他贏得了世界重量級冠軍。

洛基是一個虛構的人物，但他的經歷揭示了在追求夢想過程中找到滿足感的基本真理，整個過程才是最重要的，個人的成長對結果產生重要的影響。如果你在逐夢旅途中感到心滿意足，如果你對滿足問題的回答是肯定的，那麼你在一天結束時就能安然入睡，因為你知道自己度過了充實的一天，足以面對明天任何事。

你能否肯定回答滿足問題：為夢想努力是否帶來滿足感？

如果你無法肯定回答滿足問題，那麼你擁有的可能是錯誤的夢想，或是對夢想的心態不對。如果你對實現夢想必須做的事感到厭惡，那麼你可能走錯了方向。檢視你的動機，試著弄清楚你為什麼會設定這個夢想目標，你的內在自我和想追求的目標之間是否存在矛盾？我不想贅述第一章提過的事，但你可能需要再次思考歸屬問題，或是你對熱情問題的回答也許不夠誠實，或是你可能為了夢想付出的代價過高。如果追求夢想讓你違反了自己的價值觀，那麼你應該考慮尋找新的夢想。

或許問題在於你的心態，不妨檢視你在確立夢想和追求實現之間的生活態度：

你是否太理想化？不要再期望一切都是完美的，接受夢想發展的方式，而不是一味等待完美，切記，人生有好有壞。

夢想和現實之間的差距是否讓你氣餒？如果你的夢想很宏大，需要付出的努力也會更多。調整你對實現夢想所需時間的期望，百分之九十的失望都是來自不切實際的期望。

是否不再每天夢想？有些人開始追求夢想時，以為這代表自己必須全心全意付出，其實並非如此，只需讓自己每天都做一點夢、探索可能性、接受各種選擇、保持創造力。持續夢想能幫助你每天向前邁進一點。

你是否珍惜每一小步的進展？在過程中得到滿足感的一種方式就是慶祝成功，表彰自己達到里程碑，給自己一些進步的肯定，這會激勵你繼續努力向前。

你是否以發掘自我和個人成長為目標？實現偉大夢想最明確的方式就是拓展自己。夢想越大，追求夢想的人也必須越強大。你可以在目前的處境中學到什麼？你該如何成長？切記，追求夢想的最大回報就是自我成長。

10
意義問題
我的夢想能否造福他人？

一個人無論出於什麼原因有機會過上非凡的生活，
就沒有權利只保留給自己。
——雅克 - 伊夫．庫斯托（Jacques-Yves Cousteau，法國探險家）

如果你真的想要檢驗你的夢想是否值得你奉獻一生，那麼你必須問自己最後一個問題，這個問題並不複雜，事實上，你會發現這是本書中最簡短的一章。然而，最後這個問題有最深遠的影響力，也就是意義問題：我的夢想能否造福他人？

在我辦公室的書架上有一套我非常珍視的書籍，這些書並不是我的藏書中最古老或最昂貴的。身為一位藏書家，我確實有一些極有價值的書，比如霍瑞修．愛爾傑（Horatio Alger）的小說系列，以及十七世紀教會領袖約翰．衛斯理（John Wesley）的一些原版書卷。在這個特別的書架上的書一點都不昂貴，但對我個人卻有重大的意義，每一本書代表著我生命中的不同階段，幫助在我人生旅途中前進，對我的人生影響深遠。我經常會回到這個書架前，拿起一本書，閱讀我在書頁邊緣或空白頁上寫的筆記，感謝作者的思想對我個人成長的啟發和影響。

我在撰寫這本書時，從書架上取下的是鮑伯．班福德（Bob Buford）的《人生下半場》（*Halftime*），書的副標題寫著「從追求成功轉為追求意義」，揭示了此書的核心內容。這本書在我四十多歲時對我產生了深遠的影響。班福德寫道：「**人生的上半場與追求、獲取、學習和贏得有關。下半場更加冒險，因為涉及到超越眼前的生活。**」[1]這些話對我確實是一大挑戰，讓我思考如何超越個人，努力對抗自私的天性。

歷史上有些人物之所以偉大，不是因為他們賺了多少錢、擁有多少財富，而是因為他們將自己無私地奉獻給他人和志業，夢想是做一些有益社會的事。只有極少數的人能夠堅守自己的夢想，致力改變世界，並願意為實現夢想付出一切。絕不會有人說這樣的人死後就好像不曾活過似的，他們的夢想永存，因為他們能肯定回答這個問題：我的夢想能否造福他人？

從追求自己的野心到無私的夢想

我讀過最讓我印象深刻的故事之一，是講述一個人從極度自私地追求他的野心轉變為追尋無私的夢想，他就是威廉．威伯福斯（William Wilberforce）。

直到《奇異恩典》（*Amazing Grace*）這部電影上映之前，許多人對威伯福斯的名字並不熟悉。威伯福斯執著於廢除奴隸制度，終其一生都致力於實現這個夢想。

威伯福斯一七五九年出生在英格蘭，當時英國的奴隸貿易正處於全盛時期，英國大部分的經濟活動都仰賴於此。他幼年時就失去了父親，在信仰虔誠的姑父姑母家住了一段時間。大概在十或十一歲的時候，他在家裡第一次聽說奴隸制度。

威伯福斯在一個優渥富裕的家庭長大，就讀劍橋大學，但學業上沒有出色的表現。他以風趣、機智和時常請客而聞名。當別人都在用功讀書時，他卻在辦派對，和其他學生插科打諢，說是在虛度人生也不為過，這是他後來深感遺憾的事。

威伯福斯是一位極有天賦的人，二十歲時心血來潮，決定參選下議院。當時從政成功取決於兩大因素：言辭技巧和財富，威伯福斯擁有這兩者的巨大優勢，短短幾個月內花了九千英鎊鉅額，來推動自己的候選資格。他在二十一歲生日的兩週後當選為國會議員，獲得的選票相當於他兩位競爭對手的總合。

威伯福斯在倫敦政界立刻受到好評和熱烈歡迎，很快被國會議員常去用餐和賭博的高級俱樂部納為成員。儘管個子不高，但讓人留下了深刻的印象。他的人際技巧無與倫比，有著優美的嗓音，經常以此娛樂朋友，有人稱他為「全英格蘭最風趣的人」。[2]他也是一流的演說家，他的聲音令人著迷。他在議會那幾年，很少有人能比得上他的辯才。傳記作家艾瑞克・梅塔薩斯

（Eric Metaxas）觀察到，在他二十四歲時「看來勢不可擋，憑藉他非凡的口才、才華和魅力，以及與首相威廉．皮特（William Pitt）的深厚友誼，他的前途似乎一片光明。」[3]

他能高升到什麼地步呢？除了進入國會並獲得成功之外（這對幾乎任何人來說都可能是個難以實現的目標），他並沒有夢想。他雖然有野心、有才華，但也毫無方向。多年後，威伯福斯回憶說：「我在國會的最初幾年一事無成，沒做出任何有意義的事。個人的傑出就是我迷戀的目標。」[4]他真的很有可能就此虛度一生。

廢奴的夢想

一切轉變始於一七八四年，威伯福斯開始探索他青少年時期的宗教信仰，過程中，他經歷了他形容的「偉大的轉變」，讓他徹底改頭換面，兩年後就成為一個不同的人，這些變化孕育出比他個人渺小的欲望更偉大的夢想，他想要幫助英格蘭窮人解決困擾這個國家的許多社會議題，如廣泛的酗酒問題、兒童賣淫、窮人缺乏教育、犯罪、殘酷的公開處決、虐待動物等，他立刻投身於公益事業，幾年後他的夢想轉向另一個重要的目標，也就是廢除奴隸制度。

奴隸制度據說自人類有史以來就存在，世界上最古老的文學和法律手稿似乎也支持此一觀點。然而，在十六和十七世紀期間，一種特別殘酷的奴隸制度正在西半球實行，而英格蘭正處於其中心。奴隸商船從英國海岸啟航，載運貨物前往非洲，抵達後他們卸下這些商品進行買賣，然後再沿著海岸航行，從非洲人口販子那裡購買奴隸。這些奴隸商以綁架男人、女人和兒童，販賣人口謀生，一旦船艙上擠滿了被鎖鏈和腳鐐束縛的人，船長便展開橫跨大西洋漫長且極其痛苦的航程，把非洲奴隸販賣到西印度群島。大多數人在短短幾年內就在當地蔗糖園被活活摧殘致死，其他人則被賣到後來成為美國的美洲殖民地。

在一七八〇年代的英格蘭，大多數人對這一連串正在持續發生的事件完全不知情。威伯福斯深入了解事情的真相後，決定全心致力於終結英國奴隸貿易，將之視為個人職責，也是人生重要的使命。威伯福斯說：「奇怪的是，最慷慨和虔誠的人竟然不明白，隨著自身的財富累積，責任也隨之增加，而且他們將會因為獨享財富而受到懲罰。」[5]

從一七八七年開始，威伯福斯展開他的廢除奴隸制度運動，他相信，如果國議會議員了解到奴隸制度的暴行，就會立即投票贊成將之廢除。他和其他主張廢奴的人收集壓倒性的證據，揭示奴隸貿易在各個階段的殘酷真相，並提交給議會。在他首次針對該主題發表的演講中，威伯福斯說：

> 在那麼狹小的空間中承載著巨大的痛苦，這是人類從來無法想像的……顯露出如此巨大、可怕又無可救藥的邪惡，使我個人對廢奴的立場堅定不移。建立在不義中，以這種方式進行的貿易必須廢除，不管付出什麼代價、不管後果如何，我從這時起下定決心，絕對不會

停止，直到實現廢奴為止。6

儘管威伯福斯辯才無礙，也提出了反對奴隸制的壓倒性證據，但他還是無法獲得足夠的選票將之廢除。

隔年，威伯福斯和朋友讓全國人民都意識到奴隸制度的弊病，詩人們發表了相關議題的詩歌，描繪男女老少擠在奴隸船艙中的版畫張貼在英格蘭各地的商店櫥窗或懸掛在酒館的牆壁上，反奴隸制度的歌曲被傳唱，相關的文章被刊登。約書亞．威治伍德（Josiah Wedgwood）創作一幅呈現被鎖鏈奴隸形象的浮雕，上面寫著：「我不是人嗎？我不是同胞嗎？」大眾對奴隸制的反感情緒很強烈，但仍然無法取得終結奴隸制度所需的票數。

威伯福斯對抗奴隸制度長達二十年，從一七八七年到一八〇七年，廢除販賣奴隸的法案提出了十一次，但每次都遭到否決。如果不是因為其他人鼓勵，知道自己在做正確的事，威伯福斯可能早已放棄了。其中一位支持者正是教會領袖約翰．衛斯理，他八十七歲時寫下臨終前的最後一封信，寄給威伯福斯，信中寫道：

親愛的先生：

除非神聖的力量幫助您以一己之力對抗全世界，否則我不知道您如何完成這項光榮志業，對抗那令人憎惡的罪惡，那是宗教、英格蘭和人性的恥辱。除非上帝賦予您這個使命，否則您將因為人類和魔鬼的反對而精疲力竭。然而，如果上帝站在您這邊，誰能與您為敵呢？這些人難道比上帝更強大嗎？哦，切莫對善事感到厭倦！請奉上帝之名，藉著祂的大能，繼續前進，直到連美國的奴隸制度（史上見過最卑劣的制度）都就此消失。

今天早上，我讀了一本由一位貧困非洲人寫的小冊子，我特別注意到一個情節，一個黑皮膚的人如果受到白人的冤枉或侮辱，是無法獲得正義伸張的。根據我們殖民地的「法律」，黑人對抗白人的證詞是無效的。這是何等邪惡之事啊？

親愛的先生，衷心祈禱，願從年輕時就引導您的主，繼續在這一切中賦予您力量。

您忠誠的僕人，約翰．衛斯理[7]

威伯福斯堅持不懈，因為他知道賭上的是數百萬人的生命。最終，在一八〇七年二月二十三日，已提交並經過上議院通過的奴隸貿易法，在下議院以兩百八十三票對十六票的結果，通過禁止販賣奴隸。威伯福斯第一階段的夢想實現了，儘管又花了二十六年，而那時威伯福斯已經把議會的議題交棒給別人，但他第二階段的夢想於一八三三年實現，當時下議院投票決定在大英帝國內禁止實行奴隸制度。三天後，威伯福斯與世長辭。

驚人的影響力

很難評估威伯福斯夢想的實現對世界造成的影響，顯然是幫助了無數本來可能會被賣作奴隸的人。然而艾瑞克．梅塔薩斯認為，廢除奴隸貿易的影響更為深遠，他寫道：

我們突然進入了這樣的世界，再也不會問社會是否有責任幫助窮人和受苦的人，而只會討論該如何幫助。一旦這種觀念遍及各地，世界就改變了，奴隸制度和奴隸貿易很快就會廢除，而許多較小的社會弊端也將消除。有史以來首次，各種社會團體應運而生。[8]

正因如此，梅塔薩斯稱威伯福斯為「世界歷史上最偉大的社會改革家」，進而表示：「他於一七五九年出生時的世界，和他一八三三年過世時的世界，有著天壤之別。威伯福斯主導了一場社會變革，重新編排了世界格局，我們現在才開始充分體會其巨大的影響。」[9]

人生不同階段的意義問題

我相信在年輕時要明確回答意義問題通常會很困難，我們在人生的早期階段經常忙於發掘自己的才華、探索各種可能性、尋找人生目標，這是好事。但隨著年齡增長，把焦點放在外在世界，想像那些不僅有益自己，也能造福他人的夢想，使我們的身心更健康。對大多數人來說，這是一個漸進的歷程。還有一個好消息是，幫助他人的時機永遠不嫌太晚，大多數人不是在年輕時做出重要貢獻，而是在老年時期。

對我來說，回答意義問題是分階段的，對你或許也是如此。檢視以下三個陳述，看看在我的人生中是如何逐漸發展的：

一、我想為自己做一些有意義的事

當你讀到這句話時，我敢打賭你可能會覺得這很自私，對吧？你的初步反應可能是要與之保持距離，尤其是考慮到本章主題。我希望你不要這麼想，因為這想法不一定只是出於自私。例如，坐飛機的時候可能聽過機組人員在緊急情況應對措施的指示：如果飛機失去了艙壓，乘客需要使用氧氣面罩，首先應該做什麼？先戴上自己的面罩，之後再協助他人。為什麼？因為如果你沒有照顧好自己，就不可能幫助他人。

我相信只有在一個人有所貢獻時，才有可能成就重要夢想。這代表要先建立個人基礎，由此出發，才能工作和服務人。以威廉·威伯福斯為例，他的起點是擔任國會議員，他必須在政府有一席之地才能產生影響力。於我而言，就是建造一座教堂，我必須學習領導能力，成為更好的溝通者，然後才能為人創造價值。對你來說，這可能代表建立職業生涯、接受教育或賺錢以便服務他人。如果你還沒有做過任何重要的事情來幫助自己，又怎麼能幫助別人呢？

我在和一群領導者交流時，經常會問他們兩個重要的問題：第一個是「你為自己做哪些投資？」，第二個則是「你為他人做哪些投資？」除非一個人先投資於個人發展，否則很難為他人做出貢獻，你無法給予他人你自己沒有的東西。

二、我想為他人做一些有意義的事

我們早期的人生發展通常類似威廉・威伯福斯，充滿野心，目標是領先他人，希望為了自己的利益而取得成就。本田機車創辦人本田宗一郎曾經說過，他早期的願景並不是成立一家大公司或實現其他偉大的目標，他承認：「我之所以想在腳踏車上安裝引擎，純粹是因為我不想去擠火車或公車。」但對於所有成功的人來說，人生總會有面臨抉擇的時刻，是要為自己攀登成功的高峰，還是為了能夠伸手幫助他人攀爬而努力？

讓我們面對現實吧，成功有時會讓人變得自私，如果你充分發揮自己的天賦並努力工作，你可能會變得很愛算計，總想著「我能從他人那裡得到什麼好處？」然而成為一個夢想家，問自己「我能為他人做些什麼？」是不是更美好呢？

如果你對意義問題的答案是肯定的，而且你的夢想將造福他人，那麼你正朝著正確的方向前進。這不代表你需要拯救全世界，你可以從小事做起，全心投入，盡力而為。

最近，我讀了一本書，書名是《德蕾莎修女——來作我的光：加爾各答聖人的私人書札》（*Mother Teresa—Come Be My Light: The Private Writings of the Saint of Calcutta*）。這本書包含德蕾莎修女寫給她的主管的許多真誠信件，記載她對生活和服務奉獻的個人想法。在其中一封信中，她談到她創辦的仁愛傳教修女會（Missionaries of Charity）可能取得的成功：

我不知道成功的定義是什麼，但如果仁愛傳教修女會能夠為一個不快樂的家庭帶來喜悅，讓一個流落街頭的無辜孩子為耶穌保持純潔，讓一個垂死之人在上帝的懷抱中平靜地離世，閣下是否認為，光是如此，奉獻一切都是值得的？因為那將為耶穌帶來極大喜悅。[10]

很少有人會否認德蕾莎修女一生產生的深遠影響，她激勵了數百萬人，與總統和國王同坐，並向世界展現了無私奉獻的典範。正如你看到的，她幫助他人的夢想是從小處著手，目標是影響一個不快樂的家庭、無辜的孩子或垂死之人。她曾說過：「若一天沒有為他人付出善舉，就不算是有意義的一天。」

另一位夢想造福眾人的是曼德拉，他也是逐漸擴展自己的夢想。一開始，他為追求個人自由的夢想所驅使，但不久之後，他的夢想擴展到包含其他人，他說：

我逐漸明白，不只是我沒有自由，我的兄弟姐妹也沒有自由。我看到自由受到限制的不僅僅是我個人，還有我所有的同胞。正當這個時候，我加入非洲（國家）大會，對個人自由的渴望也漸漸轉變為追求人民自由的更大渴望。正因為我渴望人民享有自由，能夠帶著尊嚴和自尊過生活，激發了我生命的動力，我從一名害怕的年輕人變成了勇敢的人，從一個守法的律師被逼成為罪犯，從一個愛家的人變成了無家可歸的人，從一個熱愛生命的人被迫過著像僧侶般的生活。[11]

當曼德拉發現自己處於人生的十字路口，一條路通向個人利益，另一條路通向服務人民，他選擇了幫助他人這條更艱難、更高尚的道路，看看他產生的影響力。

你是否曾經面臨過那種抉擇？這不代表要放棄個人夢想，而是要將夢想擴展！愛迪生曾說：「我從不曾完成一個發明，是沒有思考著如何造福人們的。」他並沒有因為要幫助他人而停止成為一位發明家。威廉．威伯福斯曾考慮過離開議會去幫助他人，但最終沒有這麼做。每個人都積極**運用已經取得的成就來服務他人**，他們有著為人類服務的精神。

我們在剛開始的時候，往往夢想著做一些能改變世界的大事，而實現這些夢想的念頭使我們心生畏懼。這是另一個從小事開始著手的理由，如果你在探索意義問題時，已經進入成長的第二階段，不必想著要幫助所有人，只需試著幫助某個人！這麼一來，久而久之，你可能會發現自己正在實現亞西西的聖方濟各（Saint Francis of Assisi）描述的：「**開始去做必要的事情，接著做可能的事情，突然間，你會發現你在挑戰不可能的事情**。」就算你永遠成就不了大事，你也會在做正確的事情中找到極大的滿足感，任何小小的善舉都值得去做。

三、我想與他人一起做一些有意義的事

退休的電視新聞主持人湯姆．布洛考（Tom Brokaw）觀察到：「賺錢容易，但產生真正的影響力則要困難得多。」原因之一是真正的改變需要團隊合作。德蕾莎修女並非單靠個人行動產生顯著影響，曼德拉和威伯福斯也不是，他們的夢想宏大，因此需要眾多人參與才能實現。

那些希望與他人攜手實現重大夢想的人，必須有能力幫助他人擁抱相同的夢想，若能做到，對所有人來說都是一份美好的禮物。如果你我能夠與他人分享夢想，這不僅擴展了他們的可能性，也豐富了我們自己的人生。

在我六十一歲回顧我的夢想旅程時，我心中充滿微笑。當初我只是希望**為他人帶來意義**，**沒有想到這種付出同時也為自己帶來意義！**現在我明白了。我們不應該只接受而不付出，也不能夠一直付出而沒有任何回報。人生應該像河流一樣，而不是蓄水池，為他人創造價值是為自己的人生增添價值最確實的方法。

與其他人攜手追求夢想意味著一起實踐、一起犧牲、一起工作、一起規畫、一起溝通、一

起贏得勝利、一起慶祝！這是多麼美好的體驗，這就是真正的公眾精神，一群成員從「為我服務的大眾」有意識地轉變成為「我為大眾而存在」。將自己奉獻給能為他人增添價值的事業，與他人共同實現這個目標，是夢想生活中的最高境界。

多年前，作家兼演講家佛羅倫絲．利陶爾（Florence Littauer）傳授一堂讓我深受啟發的課，她提供以下一系列步驟，教導如何肯定回答夢想發展的意義問題：

- 敢於夢想：夢想意味著冒險，跳脫舒適圈和安逸環境。
- 籌備夢想：成功取決於事前的準備，好的開始是成功的一半，充分的準備為夢想帶來機會。
- 擁抱夢想：讓夢想成為你的一部分，不只是生活的附屬品，而是生活本身。
- 維護夢想：夢想需要持續維護，才能繼續發展。夢想需要不斷地用心呵護。
- 分享夢想：把夢想傳遞給其他人，讓他們擁有同樣的夢想，然後共同實現。

如果一個夢想無法造福他人，就不值得成為人生目標，而且，只有與他人一起實現，才能真正帶來滿足感，這就是人存在的原因：為了幫助他人。正如前美國總統威爾遜所說：「你來到這世上不僅僅是為了謀生，而是為了使世界更充實、更有遠見，懷有更美好的希望和成就的精神。你的存在是為了豐富世界，如果你忘記了這個使命，會讓自己變得貧瘠。」

你會如何回答意義問題？

有一句古老的中東祝福說：「當你出生時，你哭泣，而世界歡欣。願你活出精彩的人生，因此當你離世時，世界會哭泣，你則歡欣。」這段祝福是否會成真，大多取決於我們對意義問題的答案。

鮑伯．班福德在《人生下半場》書中問道：「當你努力實現自己的夢想時，五十年、一百年、甚至五百年後會產生什麼影響？」[12] 本章提及的人物，他們的夢想仍對世界產生影響，比如威伯福斯去世已經超過一百七十五年了，他的夢想影響力存在至今。如果你的夢想並未造福他人，只有自己受益，那麼就算你離世不久也毫無意義。

你設定的夢想目標是什麼？你只是在努力求生存還是在追求成功？抑或是在追求人生的意義？一切真的取決於你自己！你願意一生致力於什麼樣的夢想？你可能聽過這樣的說法：「一天的變化太大了。」我們都知道這是事實。出生、死亡、一場婚禮、一個機會、一個悲劇，都可以在一天之內改變一個人的生命。但同樣可以說：「夢想可以帶來重大改變。」懷抱遠大夢想的人，可以成為改變世界的催化劑。你可以對意義問題給予肯定的答案，那麼你和他人的生命都將永遠改變，多麼美好的夢想啊！

你能否肯定回答意義問題：我的夢想能否造福他人？

你目前處於人生中的哪一個階段？

你只是在努力求生存嗎？如果是，那麼現在是朝成功邁進的時候了。你無法付出你沒有的，透過為自己做一些有意義的事，建立基礎以及平台，以便幫助他人。如果你還沒有追求自己的夢想，那就開始行動吧！

你已經在成功的路上了嗎？如果是，也許你即將面臨人生的十字路口，必須決定是要為自己而活還是為他人而活。你如何擴展自己的夢想，將其他人納入其中，幫助他們從你已經取得的成就中受益？

你在努力追求人生的意義嗎？如果是，那麼現在是將你的貢獻提升到下一個層次的時候了。單打獨鬥很難取得偉大的成就，勇於追求遠大的夢想，並邀請其他人共同參與，引領其他人加入這個過程，將使你和他人都變得更強大，以更有意義的方式嘉惠更多人。你感覺自己被召喚或命中注定要做什麼？你最適合為誰服務？在這一生中，你如何為他人創造最大的價值？

—結語—

回顧與展望

一九六九年，我開始夢想著要在他人生活中發揮影響力。追隨這願景十年後，我開始思考自己是否達成目標了。令我驚訝的是，我發現我最初想要幫助人的夢想竟然也幫助了我自己！

如今，回首過去，我知道這對我來說一直都是如此，以下舉例說明：

- **我的夢想幫助我保持專注**。每當我受到誘惑而偏離原定目標時，我的夢想總是引導我朝正確的方向前進。
- **我的夢想幫助我拓展自己**。很多時候，我想待在我的舒適圈，但我的夢想總是催促我走出去，刺激我不斷成長。
- **我的夢想幫助我做出犧牲**。當成功的代價變高時，我的夢想鼓勵我付出，提醒我成功之路沒有捷徑。

- **我的夢想幫助我堅持不懈**。想到我的夢想時，放棄絕不是選項。沒有人會因為停下腳步而到達目標。夢想不會自動找上門，我們必須主動去追尋。
- **我的夢想幫助我吸引贏家**。夢想大小決定了會受到吸引的人才，小夢想吸引小人物，大夢想吸引大人物。
- **我的夢想幫助我學會仰賴上帝和其他人**。我的夢想對我來說太過龐大，我需要上帝和他人的協助，他們給了我支持，而每個人都獲益！

如果你願意參與夢想檢驗，並能夠肯定回答書中提出的問題，你的夢想也能對你產生同樣的影響。每一章我都會講述一兩個人物故事，強調我正在傳達的特定問題，我希望你覺得這些故事有幫助。其實，這些人物範例同樣也可以用來闡釋書中的其他章節，如果你去問問這些人，他們對書中十個問題的答案都會是肯定的。讓我們再次檢視這些問題：

一、歸屬問題：這真的是我自己的夢想嗎？
二、清晰問題：我是否清楚看見自己的夢想？
三、現實問題：我能靠自己可控的條件實現夢想嗎？

四、熱情問題：我的夢想是否使我非去實現不可？
五、途徑問題：我是否有實現夢想的策略？
六、人員問題：我有實現夢想需要的人員嗎？
七、代價問題：我願意為夢想付出代價嗎？
八、毅力問題：我距離夢想越來越近了嗎？
九、滿足問題：為夢想努力是否帶來滿足感？
十、意義問題：我的夢想能否造福他人？

每個人都有自己的夢想，也都很清楚地看到夢想願景。每個人都依賴自己的能力、才華、努力，和其他可控制的因素去追求個人夢想，他們都充滿著追隨夢想的熱情動力。每個人都有實現夢想的策略，得到了他人的幫助，為了取得進展而付出代價，堅持不懈地努力，在追求實現的過程中找到了滿足感。而且，他們也不僅只追求自己的益處，而是努力造福其他人。

我提到這一點是因為想提醒你，如果你渴望實現自己的夢想，不能只對其中的一兩個或少數問題給予肯定答案。你能夠回答「是」的次數越多，實現夢想的可能性就越大。這是一件好事，因為**當你實現自己的夢想時，世界就會變得更美好**。

附錄

我的夢想地圖

建立自己的夢想地圖

我寫書和研討會課程已有三十多年，我發現一件事，許多人很難將一般概念實際應用到生活中，這不是因為缺乏智慧或渴望，只是因為自我反省並將原則付諸實踐令人心生畏懼，這就是我在大多數著作中都包含應用練習的原因之一。

同時，我也不想讓人被許多耗時的活動困擾。對於閱讀或聆聽我的書的人，我的建議通常是，如果應用練習對他們有幫助，就多加善用，但如果能自行理解如何將概念應用到生活中，則可以選擇略過這些練習。

然而如果你真的想深入研究，努力將本書中學到的知識應用到生活中，該如何將學習過程提升到更高層次？如果你希望在閱讀本書時，更深入發掘自己的夢想能怎麼做？附錄〈我的夢想地圖〉是我對這問題的解答。

夢想是一件特別難以形容的事，夢想在實現之前並不具體，就像雲一樣。當我們兩人同時看著一朵雲時，你和我看到的形狀可能不一樣，而且你當下看到的畫面可能在一陣風吹過時很快地發生變化。隨著時間流逝，無論是一天、一星期、還是一年，你甚至可能不記得你曾經看到的是什麼。正因如此，本書的目的是要幫助你將夢想願景變得更具體。讓我們面對現實吧：大多數人在表達和實現夢想方面都需要一些幫助。

我決定要撰寫本書時，由於夢想的模糊性質，我幾乎沒有什麼進展。我見過太多演講者和作者在談論夢想時，採用我認為是虛幻的手法，提出「只要有夢，就能實現」這類主張。這是不切實際的！我曾經夢想贏得ＮＢＡ冠軍，但我保證這永遠不可能實現！

本書的目的旨在幫助你發掘和定義自己的夢想，我希望幫助你繪製一張地圖，讓你可以用來實現人生使命。如果你想深入挖掘自己的夢想，或想幫助別人做到這一點，那麼這本書將對你有所幫助。要建立你的夢想地圖，你需要回答一些問題、花些時間思考和記錄、與他人交流。如果你有個人信仰，也可以花時間祈禱。

首先，開始進行下一頁的「夢想測驗」。閱讀附錄內容（可以一口氣讀完，也可以分章節閱讀），然後按照書中的指示進行。附錄共分為十節，每節對應一個問題。最重要的是，你需要全程投入。

這要花多久的時間呢？因人而異。所需時間取決於你的自覺程度、你對自己的優缺點的誠實程度、你的經歷，以及你過去投入多少時間和精力研究這個主題。你的夢想難道不值得多花些時間探究嗎？相信我，你花的時間是對自己的一種投資。花幾個星期或幾個月來大幅提升實現夢想的可能性，絕對是值得努力的。沒有人是靠漫無目的或偶然機運達成夢想的，不要走捷徑，以免失去實現夢想的機會！

你準備好全力以赴了嗎？你是否願意面對實現夢想必經的困難、孤獨、不起眼的工作？切記，好的開始是成功的一半，你將能發掘自己的夢想，也能美夢成真。

夢想測驗

建立實用地圖的第一步是了解你的起點。進行以下的測試，以幫助你自我評估，可以想成是在個人夢想地圖上標示「目前位置」。

針對以下每一個陳述，請回答並寫下最能代表你目前生活狀況的數字（不是別人對你的期望，也不是你過去的願望，或是你希望未來能夠達到的地方）：

0＝否、1＝有點、2＝是

一、歸屬問題：這真的是我自己的夢想嗎？

A 如果實現了我的夢想，我會是世界上最快樂的人。

B 我已經向別人公開分享我的夢想，包括我愛的人。

C 別人對我的夢想有所質疑，但我仍然堅信不移。

D 隨著年齡增長，我更加確信這是真正屬於我的夢想。

E 我相信我的夢想符合我的人生使命。

得分＿＿＿＿

二、清晰問題：我是否清楚看見自己的夢想？

A 我可以用簡單的一句話概述我的夢想重點。

B 我花了很多時間詳細定義我的夢想。

C 我已經寫下一個清晰的夢想願景，包括主要特徵或目標。

D 我幾乎可以回答任何與我夢想內容有關的問題（雖然還不一定知道如何實現）。

E 我已經多次修改並寫下我的夢想。

得分＿＿＿＿

三、現實問題：我能靠自己可控的條件實現夢想嗎？

A 我知道我最大的優勢和才能是什麼，而我的夢想大多仰賴於此。

B 我目前的習慣和日常行為對於成功實現個人夢想有很大的幫助。

C 我預計實現夢想將會是我做過最困難的事情之一。

D 即使我運氣不佳、被重要的人忽視或反對、或遇到嚴重的阻礙，我的夢想仍有可能實現。

E 我願意付出任何必要的代價來實現夢想，只要不違背我個人的價值觀。

得分＿＿＿＿

四、熱情問題：我的夢想是否使我非去實現不可？

A 我願意做任何事，只求能夠實現我的夢想。

B 我每天不管是入睡或清醒，時時刻刻都想著我的夢想。

C 即使我相信無法完全實現夢想，我依然熱血地追求夢想。

D 這個夢想對我來說一直很重要，至少持續一年以上了。

E 牽涉到我的夢想時，我表現出的積極主動比生活其他方面都高。

得分＿＿＿＿

五、途徑問題：我是否有實現夢想的策略？

A 我已經對如何實現夢想寫下了策略計畫。

B 我已經對自己目前的起點和實現夢想所需的過程進行了現實的評估。

C 我已經確定了所有可利用的資源，並將之納入策略計畫中。

D 我已經在計畫中設定了具體的每月和年度目標。

E 我已經與三位我尊敬的人分享了我的夢想計畫，獲得他們的意見反饋。

得分＿＿＿＿

六、人員問題：我有實現夢想需要的人員嗎？

A 我經常與那些激勵我的人在一起。

B 我身邊圍繞著對我的優缺點會坦誠相告的人。

C 我已經找到了與我能力互補的人來幫助我實現夢想。

D 我已經找到一種透過理性、情感和視覺表達的方式，將夢想傳達給他人。

E 我經常以清晰又有創意的方式向我的團員傳遞願景。

得分＿＿＿＿

七、代價問題：我願意為夢想付出代價嗎？

A　我可以列舉出我為了實現夢想已經實際付出的代價。

B　我已經思考過接下來我願意付出什麼代價來實現夢想。

C　在追求夢想的過程中，我願意面對別人嚴厲的批評，因為我知道這對我是好的。

D　我的心態是，實現夢想是一個不斷努力和付出代價的過程。

E　無論如何，我都不會為了追求夢想而犧牲自己的價值觀、健康或家庭。

得分＿＿＿＿

八、毅力問題：我距離夢想越來越近了嗎？

A　我可以確定我在追求夢想的過程中已經克服了障礙。

B　我對自己的夢想抱持積極主動的態度，不怕採取大膽行動來追求夢想。

C　我每天都會付出一些努力，哪怕是微不足道的小事，以朝著我的夢想前進。

D　我預料為了成長和改變得做一些非常困難的事，以便實現夢想，對此我也已經做好心理準備。

E　關於我的夢想，我的決心非常堅定。

得分＿＿＿＿

九、滿足問題：為夢想努力是否帶來滿足感？

A　我願意為了實現夢想而放棄我的理想主義。

B　我理解追求任何重要夢想都得面臨困難，而我已經準備好愉快地面對這個挑戰。

C　我願意努力數年甚至數十年，以求實現我的夢想，因為這對我來說非常重要。

D　在追求夢想的路上，我以發掘自我和探索世界為目標，這將幫助我堅持下去。

E　我非常享受追求夢想的過程，即使失敗了，我也會覺得這一切都很值得。

得分＿＿＿＿

十、意義問題：我的夢想能否造福他人？

A　坦白說，追求夢想讓我參與了超越自我的崇高理念。

B　如果我的夢想得以實現，我能夠列出除了我自己以外能從中受益的人。

C　即使整個夢想未能實現，其他人也將在過程中受惠。

D　我正努力建立一個志同道合的團隊，以實現我的夢想。

E　我為了實現夢想做的事，在五年、二十年、甚至一百年後仍然有重要意義。

得分＿＿＿＿

全部得分相加後的總分＿＿＿＿

評分指標 將各個部分的分數相加後計算總分，利用下列評分指標來了解你的整體表現：

- 91～100：你已經在成功的道路上，很有可能實現你的夢想。
- 81～90：你還需要付出一些努力，但你正朝著實現夢想的正確方向前進。
- 71～80：如果你想要實現夢想，就需要做出重大的改變。
- 70分或以下：你還有很長的一段路要走。想要實現夢想，將需要進行重大反思，並在生活上做出重大的改變。

歸屬問題：這真的是我自己的夢想嗎？

每個人都有一個開始的起點，即使是最偉大的夢想、最受人矚目的成就，也都是從一個人心中簡單的概念或構想開始的。

何謂值得追求的夢想？必須是屬於你自己的夢想。夢想能否實現，主要不在於規模大小，也不在於個別夢想者的天賦，絕大部份取決於夢想是否真正屬於自己。任何一個已實現的夢想，都有一個全心全意投入的夢想者。只有當你真正擁有自己的夢想時，才有機會實現你的目標。

目前位置 你的夢想測驗歸屬問題的得分是多少？這個數字（滿分10分）代表你的夢想歸屬程度。對於這個分數你有什麼反應？請花些時間反思，並寫下你的看法，做為你的起點。

考察現狀 寫下你夢想的初步版本，不必追求華麗或完美，只要將基本想法寫下來，盡量具體。

尋求指引方向 你在回答夢想問題並建立夢想地圖的過程中，其中一項任務就是與那些在夢想旅途中遙遙領先的人交流。如果要我指出幫助我成功最重要的一個行動，尤其是在我職業生涯的早期，那就是訪問成功人士當作我學習的榜樣。我強烈建議你遵循成功人士的建議，等到你完成本書每一章時，你將已經探訪十位以上你非常尊敬的成功人士。

針對歸屬問題，與一位已經實現夢想的人約時間見面。在此寫下你想問的問題，務必向對方請教初期對夢想歸屬的看法，記下他的回答。

豐富夢想地圖 開始閱讀與你相似領域實現夢想的人物傳記（不妨在未來一年內定期閱讀傳記），記錄你的觀察心得。

記錄 在接下來的幾天或幾星期，深入探討歸屬問題，反思和記錄時務必回答以下問題：

- 你為什麼想實現這個夢想？
- 你為什麼是實現這個夢想的合適人選，為什麼這個夢想適合你？
- 你有什麼具體的才華、優勢和人格特質，能幫助你實現這個夢想？
- 你對這個夢想做過什麼研究？

- 你最早是在什麼時候想要實現這個夢想？
- 在你的生活或個人經歷中，也有別人分享你這個夢想嗎？若有，實現這個夢想後誰會比較快樂，是你還是另有其人？（注意：如果你的回答是別人會更快樂，那是一個警訊，這個夢想很可能並不是你自己的。）
- 如果你無法追求這個夢想，對你會有什麼影響？
- 如果你追求了這個夢想卻未能實現，對你會有什麼影響？
- 如果你實現了這個夢想，你的人生會有什麼變化？

觀察結果 透過記錄，你對於自己、個人夢想，以及歸屬問題有什麼新的體會？

制定路線 想讓自己在夢想歸屬問題達到10分，你需要做出哪些改變？將這些改變寫下來，並納入你的行事曆和日常工作習慣中。

清晰問題：我是否清楚看見自己的夢想？

有人說：「如果你能看到，就能抓到。」這句話不見得是真的，實情是如果你看不到，就絕對無法抓到。只有當你能清晰地看到夢想時，你才有可能實現！

讓夢想變得清晰可能很困難並且耗時，這一部分可能需要你花最長的時間才能完成，但沒關係，追求實現個人夢想可能需要多年的時間，在開始前先花幾天、幾週、甚至幾個月來使夢想更清晰，並不會減慢你的步伐，其實反而會使你更快達成目標，你不可能到達一個不確定的目的地。此外，如果你一直讓夢想含糊不清，也就無法完成實現夢想所有必要的工作。如果一個夢想值得追求，那就值得明確定義。現在不妨花點時間來釐清你的夢想。

目前位置　在你的夢想測驗中，清晰問題的得分是多少？這個數字（滿分10分）代表你的夢想清晰程度。你認為這個分數是否準確呈現你十分清楚你的夢想呢？如果你的分數低於9分，請寫下你認為自己的夢想願景不夠清晰的原因。

考察現狀　該是時候將你的夢想願景提升到新的層次了，盡可能詳細地描述你的夢想，著眼大局，同時也要具體。用文字描繪出來，必要時使用數字。描述實現夢想會是什麼樣子、會帶給你什麼感受，盡可能捕捉夢想的範疇、本質和細節。

尋求指引方向　針對清晰問題，與一位已經達成你認為幾乎不可能實現的夢想的人約時間見面。寫下你要問的問題，特別關注對方在成功實現之前對夢想目標是否完全清楚，請教對方有何特殊方法來保持對夢想的願景，記下對方的回答。

豐富夢想地圖　想一想人類史上實現過最大膽的夢想，哪個對你來說最不可思議或最有趣？花一些時間研究成功實現夢想的人，特別注意他們的夢想是在何時變得清晰，以及這對實現過程產生什麼影響，記錄下你的觀察結果。

記錄 接下來多花時間思考你的夢想，並盡可能詳細地描述。反思和記錄時務必回答以下問題：

- 你的夢想是否充分利用了你目前的環境和機遇？
- 你對個人夢想的感覺是什麼？是否朝著正確的目標？
- 關於你的夢想是否適當，你的直覺是什麼？
- 你的夢想與你的人生使命是否相契合？
- 如果不是，你如何調整自己的夢想，使其契合呢？
- 你獨特的人生經歷是否對你夢想的形成過程發揮作用？
- 你是否會讓那些能夠激發你靈感的事物，如音樂、書籍、電影、回憶、照片、名言等，對夢想的形成產生積極的影響？
- 你是否與其他已實現類似夢想的人交流過？
- 如果沒有，你能不能想辦法這麼做呢？
- 你如何為你的夢想願景增加更多細節？

觀察結果 透過記錄，你對於自己、個人夢想，以及清晰問題有什麼新的體會？

制定路線 你已經花了時間記錄、與成功人士交談、也做了一些研究，現在該重新描述你的夢想了。雖然可能很繁瑣，但請不要省略這一步！你的目標是要以兩種不同方式表達你的夢想：

首先，詳細描述你的夢想，包括具體的目標或任務，類似麥可・海亞特的作法（請回顧本書第二章）。接著，用精簡的一句話描述你的夢想，便於你將之寫在名片背面。重點是，如果你在電梯裡巧遇你崇拜的人物，被問到關於你的夢想，你應該要能在電梯到達前清楚陳述出來。完成這兩件事之後，將你寫下的夢想願景放在每天都看得到的地方。

現實問題：我能靠自己可控的條件實現夢想嗎？

成就偉大事業的人通常兼具夢想家和現實主義者的特質。他們能夠看見並擁有一個夢想願景，這願景對世上所有人來說都很不可思議，但對他們卻是真實而具體的。同時，他們也有辦法處理自己的現實處境，毫不畏懼地面對事實。

在此，我會要求你嚴格檢視自己，你不只需要誠實地評估個人優勢，還有自己目前不足之處，忽視現實並不能實現你的夢想。然而，如果你的夢想很適合你，也不要輕易被現實擊垮，需要保持微妙的平衡，這是你必須掌握的能力，以實現最終想要達成的目標。

目前位置 在你的夢想測驗中，現實問題的得分是多少？這個數字（滿分10分）代表你目前在實現夢想的現實程度。如果你的得分很高，可能就不需要多做什麼；如果得分特別低，就需要參與一個可能耗費一段時間的發展過程。這裡只是你的起點，但沒關係，勤奮努力是實現夢想不可或缺的現實元素。以書面形式說明你在追求夢想過程中所處的起點，描述你看到的現狀和你想要達到的目標之間的差距，你預計需要克服哪些障礙才能達到理想目標呢？

考察現狀 面對現實的第一步是評估自己的優點和缺點，如果你在過去兩年都沒有自我評估過，現在就做。我強烈建議你從蓋洛普優勢識別（StrengthsFinder）和邁爾斯－布里格斯性格分類法（Myers-Briggs Type Indicator，簡稱MBTI）或DISC等性格測驗開始。如果你的夢想需要領導能力，請參考我的書《領導力21法則》修訂和更新版中提供的二十一條領導力法則評估。如果你是基督徒，我建議你參加屬靈恩賜測試。如果你的夢想與個人專業有關，也有相關的考核或評估工具都可以參與評估。你明白我的意思，千萬不要排除任何可能對你有幫助的事。

你在這方面進行了一些探索之後，請寫一份包含所有資訊的自我總結，務必列出自己三到七個優勢，以及自己最薄弱的領域。

尋求指引方向 聯絡你的熟人圈裡最有成就、非常了解你和你的工作表現的人，請對方評估你的優點和弱點。在見面之前，先向對方提出以下問題，以便有時間思考答案。

1 你認為我最大的優點是什麼（請列舉至少三項）？
2 你認為我在哪些方面的表現最有生產力？
3 我有哪些獨特的技能或才華使我得以在生涯或職涯取得成就？

4 如果我未來必須專注在一個領域，你認為哪一個領域最有發展潛力？

5 我以哪些方式為他人增添價值？

6 你認為我在與人合作時，有哪些方面需要改進？

7 我最大的弱點是什麼（請列舉三項）？

8 你認為有哪一個弱點可能會阻礙我的職業發展或個人生活？

9 按照1到10的評分標準（滿分10分），我學習與成長的毅力如何？

10 對於幫助我實現夢想，你想給我最重要的一項建議是什麼？

雙方見面時，請回顧每個問題，然後傾聽對方的回答。如果對他給出的某些答案需要更多說明，你可以提出後續問題。然而，你不該對自己過去的行為辯護或找藉口，否則你可能得不到誠實的反饋。如果你是一個非常情緒化的人，在交流的過程中，假裝你在玩牌，不要讓訪談的對象知道你的想法或感受，最重要的是傾聽和學習。記下這些答案。如果你覺得自己沒有獲得足夠或準確的資訊，請安排與其他人會面，並重複此過程。

豐富夢想地圖 成功人士實現夢想的其中一個祕訣是他們會充分發揮自己的優勢。隨著年齡增長，他們變得越來越專注。（在我事業發展初期，我感覺好像什麼都做，而在現今的職業生活中，我只做四件事：溝通、創造、建立人脈和領導。）

為了縮小目前的你與實現夢想必須具備的特質之間的差距，你必須制定並執行個人成長計畫。首先，找出你個人的前五大優勢，接下來描述這些優勢與實現你的夢想有何關係。注意你本身是否有任何難以加強或無可補救的弱點。如果有，在思考第六章的人員問題時，不妨找別人來補足你的優勢，以解決這個問題。

制定一個為期一年的成長計畫來發展你的五大優勢。在未來的一年裡，閱讀兩本與各個優勢相關的書籍、規畫與你主要優勢相關的專家進行一次訪談、每週收聽一次相關的 podcast 或課程。你會注意到你的成長計畫始終聚焦於個人優勢。

然而，這項規則有一個例外，性格缺陷可能妨礙你取得成功。如果你發現自己的弱點與性格有關，就需要找一位導師來幫助你解決這個問題，你無法獨自成功地處理個性問題。

記錄 在接下來的幾天或幾星期，認真思考現實問題，反思和記錄時務必回答以下問題：

- 想要實現你的夢想要具備哪些特質？
- 實現這個夢想的人通常要有什麼背景和經歷？
- 你需要掌握哪些技能來彌補實現夢想的差距？
- 你需要多長時間才能取得這些技能？
- 取得這些經驗和技能需要付出什麼代價？
- 想要成為能夠實現夢想的人，你必須從現在開始培養哪些習慣？
- 你尊敬的人是否肯定你已經是或有潛力成為能夠實現這個夢想的人？

- 在努力實現夢想的過程中，你預期會遇到的最大阻礙是什麼？
- 你預計要花多長時間才能實現你的夢想？
- 需要花多少心力？

觀察結果 透過記錄，你對於自己、個人夢想，以及現實問題有什麼新的體會？你需要培養哪些習慣，成為能夠實現夢想的人？請寫下來。

制定路線 你已經努力發掘了自己的優勢，也花了時間反思和記錄，請再次確認你的成長計畫是否在正確的軌道上，如果是，就納入你未來一年的行事曆中。同時也該規畫如何培養有助於成功的好習慣，找出你需要培養的五到六個習慣，每天堅持執行，至少持續六十天。

熱情問題：我的夢想是否使我非去實現不可？

熱情是成功人士持續追求夢想的動力來源，如果沒有足夠的熱情，不論科學、醫學、藝術、技術甚至個人成就，都難有顯著進步。

熱情很難衡量，你遇到時或許會認得出來，但要如何量化、如何衡量你的熱情程度？甚至更重要的是，如果你缺乏熱情，該如何提升？雖然可能很困難，但這些都是你需要解決的任務。

目前位置 在你的夢想測驗中，熱情問題的得分是多少？這個數字（滿分10分）代表你目前對夢想的熱情程度。另一種評估個人熱情的方法是利用本書第四章提供的熱情量表（第103頁），想想你的夢想，然後用這個量表來評估你的熱情程度。

如果你的得分很低（少於8分），就需要努力提高你的熱情。如果已經很高，你的目標應該是繼續保持這種熱情。

考察現狀 熱情從哪裡來？來自內心。但熱情是怎麼產生的？首先，擁有熱情是一種選擇，你必須自己選擇成為一個充滿熱情的人。對性格保守或追求完美的人來說，這一點尤其重要。其次，投入自己真正在乎的事情時，熱情就會自然湧現。花一些時間反思以下問題：

- 什麼事會讓你歡唱（帶給你快樂）？
- 什麼事會讓你哭泣（觸動你的內心）？
- 什麼事會讓你前進（帶給你動力）？

尋求指引方向 針對熱情問題，與你認識最熱情活力的人約時間見面。見面前列出與熱情相關的問題。你的目標是了解對方如何激發自己的熱情與動力。寫下你的問題以及得到的答案。

豐富夢想地圖 激發熱情最有效的方法之一是確定你的人生目標，並確保你的熱情與目標一致。如果你還沒有這麼做，現在開始研究，找一本書來幫助你發掘自己獨特的、上天賦予的使命。在探討這個問題時，試著用一句話表達你的存在目的，記下那句話。

記錄 在接下來的幾天或幾星期，認真思考熱情問題，反思和記錄時務必回答以下問題：

- 你生活中哪些方面表現得最積極主動？
- 如果你可以用餘生來做一件事，你會做什麼？
- 哪些類型的活動通常會耗盡你的精力？
- 哪些類型的活動會讓你活力充沛？
- 哪些議題或行動總是能激發你的熱情？
- 你的使命、動力來源和夢想之間有何關聯？
- 如果目前還沒有關聯，你可以採取什麼行動使之相關？
- 你如何在日常行程中納入更多能夠激發熱情的活動？
- 你是否需要修正或微調你的夢想，使你的熱情、目標和夢想保持一致？
- 如果你認為有必要做些改變，你需要付出什麼努力來實現這些改變？

觀察結果 透過記錄，你對於自己以及個人夢想有什麼新的體會？你的使命、熱情和夢想是否保持一致？如果不是，那麼你可能需要重新檢視清晰問題，再繼續後面的探討，千萬不要猶豫調整夢想，以免浪費時間為不適合你的夢想制定策略。

制定路線 維持對夢想的熱情不是容易的事，要怎樣才能辦到呢？我建議下列方法：

- 遠離消極的人。當你身邊都是情緒低落的人時，你會很難保持積極的情緒。

- 多花時間與熱情的人在一起。多年前，自由大學（Liberty University）的教授兼院長埃爾默・唐斯（Elmer Towns）告訴我「熱火鉗原則」（hot poker principle），維持火鉗熱度的方法就是將火鉗放入火中。維持夢想熱度的方法就是與其他對夢想充滿熱情的人在一起。
- 利用視覺提醒幫助你保持正軌。在你每天能看到的地方放一張與自己的夢想相關的圖片。
- 如果你是個有信仰的人，請求上帝幫助你對正確之事保持熱情。如果上帝在你心中種下一個夢想，祂就會幫助你實現。

途徑問題：我是否有實現夢想的策略？

如果你已經很認真地深入檢視自己，一再審視你的夢想，確認夢想屬於自己，並面對過程中可能碰到的現實挑戰，那麼你已經準備好思考實現夢想的策略了。切記，一個好策略是追求夢想的起點，你還必須隨著情勢變化保持彈性。制定完策略計畫後，每年至少重新檢討一次。

目前位置 在你的夢想測驗中，途徑問題的得分是多少？這個數字（滿分10分）代表你制定實現夢想策略付出的努力程度。如果你的夢想相對較新，得分較低也不必太擔心。此外，你需要確保自己的夢想是正確的，然後再投入精力制定實現策略，現在是時候準備開始制定策略了。

想想你自己的策略思考能力，在生活的其他領域中是你的優勢嗎？如果是，請繼續下一步，如果不是，就要考慮尋找能協助你進行這個過程的人。

考察現狀 當你思考完現實問題時，你檢視了自己的起點，請用簡單的一句話描述你的現狀，接下來在下面以一個簡潔的句子寫下你的夢想。完成這兩件事後，請撰寫一份可行的策略縮短夢想與現實之間的差距，這可能需要相當多時間。（注意：你需要自行判斷是在接下來的「尋求指引方向」的訪談之前或之後完成這件事。）

你的起點：

你的夢想：

如何縮短差距：

尋求指引方向 在你認識和欣賞的人當中，誰有最出色的策略頭腦？與那個人預約，讓他知道你想訪問他，聽取他對你新制定的策略計畫的建議。如果對方有時間，可以安排兩次訪談，在第一次訪談中，你可以在進行「考察現狀」之前先向對方請教有關如何制定策略的問題。第二次訪談則提供你的策略計畫，請他給你反饋（利用第一次面談的資訊來制定計畫）。預期根據對方的建議來修改你的計畫，以求改進。寫下你們訪談的問題，以及對方提供的答案。

豐富夢想地圖 重新檢視你的策略，必要時，根據收到的反饋意見進行修改。務必將你的計畫寫成一系列具體的目標，而這些目標都按照正確的發展順序，同時在順序中沒有缺失或遺漏的步驟（可能有點像在拼圖的感覺）。

接下來該估計完成每一步驟所需的時間和資源了。寫下你的計畫，在每一步驟之後寫下預期完成的時間範圍，以及所需的資源摘要：資金、設備、機會等等。

接下來你會被要求檢視你將需要什麼樣的幫助，以及必須付出的代價是否值得。現在不必擔心如何評估這兩個因素，只需要將你的策略細節記錄下來，因為這對於接下來實現夢想的工作會產生很大的影響。透過慎重思考並細心制定計畫，你正在為實現夢想開闢一條路徑。

步驟	完成時間	所需資源

記錄 在接下來的幾天或幾星期，認真思考實現夢想的策略，反思和記錄時務必回答以下問題：

- 是否有人利用過相同或類似的策略來實現他們的夢想？
- 是否有創新的解決方案是你之前未曾考慮過的？
- 計畫中有哪些步驟或目標最能充分發揮你的優勢和才能？
- 計畫中有哪些步驟會是最難以實現的，為什麼？
- 當你估計實現夢想所需的總時間時，你的反應是什麼？是否值得？
- 如果實現夢想所需時間超乎你的預期，什麼時候會讓你覺得不值得再繼續追求？
- 哪些資源是你目前欠缺，以後也很難取得的？

- 你的計畫中是否已經包含如何取得這些資源的策略？
- 在執行策略時，你將如何讓自己保持在正確的軌道上？

觀察結果 透過記錄，你對於自己和夢想策略問題有什麼新的體會？根據你的發現，你需要在策略中增添哪些細節？

制定路線 著手執行計畫的第一步，是將其分解為具體的任務，並設定截止日期，將這些任務納入你的行事曆和待辦事項清單中，把清單中的最後一個任務設定為提醒你重新檢查整體策略，然後以相同的方式分解下一個任務。

人員問題：我有實現夢想需要的人員嗎？

詩人約翰．唐恩（John Donne）曾寫道：「沒有人是一座孤島，可以自成一體。」我們與他人的連結是不可否認的，那些明白自己在生活中的角色是幫助他人並接受他人幫助的人，比起那些試圖獨自奮鬥的人，更有可能實現自己的夢想。

在這裡，你將被要求檢視誰已經在你的團隊中、誰應該納入你的團隊，以及如何邀請他們參與幫助你實現夢想的過程。這件事應該是要基於誠信，絕不能利用操控的手段。你的目標是找到那些你能幫助他們實現夢想，同時他們也能幫你實現夢想的人。

目前位置 在你的夢想測驗中，人員問題的得分是多少？這個數字（滿分10分）代表你在人員問題方面的出發點。即使你的分數很高，我也要鼓勵你致力於提升你的團隊，有一群願意幫助你實現夢想的人再多再好都不為過。

列出你認為屬於你團隊的人員名單，包括實際的隊友或員工、你的家人、朋友、導師、合作夥伴……任何幫助你實現夢想的人。在每個名字旁邊寫下一句話說明此人如何幫助你。

考察現狀 現在該進行一些分析了。首先，檢視你的名單中有沒有比你成功、能夠激勵你、指引你方向的人。如果有，他們是合適的人選嗎？人數足夠嗎？如果不夠，列出其他你需要的人。

接著，回顧你第249至251頁針對途徑問題寫下的策略。過程中的每一步你需要什麼樣的人來幫助你？仔細思考。當然，你不可能預測所有的需求，但最好盡可能全面一點。根據每個步驟或階段的角色或貢獻，建立一個你想要的人員名單。如果你希望特定人士加入你的團隊，請註明他們的名字。最後，列出你希望在實現夢想旅途中會在你身邊給你鼓勵和說真話的人。

尋求指引方向 在你的專業領域或熟人圈中，誰擁有最優秀的團隊？試著與對方約時間見面。在見面之前，先想好要問的問題：對方早期招募人才的經驗、如何辨識人才、以及如何傳達願景邀請他人參與等，寫下你的問題。

豐富夢想地圖 在嘗試招募人才之前，你必須學會有效地表達你的夢想，以便能夠在理性、情感和視覺上向他人傳遞願景。閱讀有關遠見溝通的書籍，以協助你進行這個過程。之後以能夠令他人產生共鳴的方式寫下你的願景，將之牢記於心。練習溝通願景，直到你能夠隨時充滿熱情又巧妙地表達出來。

記錄 在接下來的幾天或幾星期，認真思考與你的夢想相關的人員問題，反思和記錄時務必回答以下問題：

- 想到自己的夢想時，你是否很自然地會考慮到其他人的參與？
- 如果不是，你可以採取什麼行動讓自己更關注人際關係？
- 追求你的夢想如何能使那些可能幫助你實現的人受益？
- 你可以如何調整或補充你的夢想，使其對幫助你的人更有益？
- 有沒有你可以幫助實現夢想的人，同時也能讓你從中受益的？
- 你要如何擴展你的人脈，以便有更多人可以提供支持？
- 誰在情感上支持你，讓你有足夠的動力去追求夢想？
- 你可以做些什麼減少負能量的人對你的影響？
- 你如何確保追求夢想對你的家庭有益？

觀察結果 透過記錄，你對於自己、個人夢想和人員問題有什麼新的體會？你需要對你的夢想或策略進行什麼修改，使你的夢想不僅對自己有益，也對他人有益？

制定路線 既然你已經確定了在追求夢想的第一個目標或階段需要什麼人來幫助你，就要開始思考如何招來這些人。你需要付出什麼努力才能得到他們的支持？目前有哪些阻礙，你又將如何排除困難呢？寫下你尋找和招募團隊的計畫，並為每個步驟設定截止日期。

代價問題：我願意為夢想付出代價嗎？

大多數人想到自己的夢想時，通常都會只關注好處，想像這些夢想將為自己帶來多麼奇妙的事物和所有美好的機會。這種想法可能激勵我們，但並不會實際推動我們前進。為了真正取得進展，我們必須願意付出代價。

你的夢想會讓你付出什麼代價？你可曾思考過這個問題？你願意付出什麼代價？同樣重要的是，你不願意付出什麼代價？回答這些問題正是此處重點。

目前位置 夢想測驗中有關代價問題的分數其實是衡量你對個人夢想代價的認識程度，同時也點出你至今已經付出了什麼代價。如果你的分數偏低，也不要因此感到困擾。只要你計算好實現夢想所需的代價、並決定付出任何必要的犧牲，你是可以提升分數的。

花一些時間反思自己到目前為止對於為夢想付出代價的態度。試著評估你對這個過程下一階段的準備狀態。

考察現狀 回顧你在第250頁為實現夢想制定的策略，這個過程中每一步都會讓你付出一些代價。重新檢視你要實現夢想所需的人員名單，與他們合作也會產生相關成本，現在是評估代價的時候了。針對每一步和每一個人，用你能想到的任何術語寫下你將要付出的代價：如時間、金錢、精力、健康、資源、機會等等。

尋求指引方向 與一位你很欣賞、在你的職業或興趣領域中有所成就的人約時間見面，進行訪談。這次你的任務很明確，問對方為了取得他現有的成就，必須做出什麼犧牲，以及他認為你得付出什麼代價才能實現夢想，記下他的回答。

豐富夢想地圖 想想你最欽佩的四、五個人，可以是熟人、公眾人物或歷史人物。他們為了實現夢想付出什麼代價？如果你不確定，可以對他們進行一些研究。你在他們的犧牲中看到什麼共同的特點嗎？你認為他們的逐夢之旅和你的有什麼相似之處？記錄下你的觀察結果。

記錄 在接下來的幾天或幾星期，認真思考代價問題，反思和記錄時務必回答以下問題：

- 你願意為實現你的夢想付出多少代價？
- 除了別人告訴你的和你自己確定的代價之外，為了實現你的夢想，你還願意放棄什麼？
- 你不願意為了實現夢想付出什麼代價？
- 你是否願意現在就開始付出代價？
- 你願意為實現夢想付出多久的代價？

- 你周遭的人得為你的夢想付出什麼代價？
- 你是否與他們談論過這個代價，他們是否願意付出？
- 你在追求夢想的過程中，是否願意面對他人的批評？
- 如果實現夢想的代價變得太高，你將如何應對？
- 如果代價變得太高而你不得不中途放棄，對你最親近的人會有什麼影響？
- 一旦實現了夢想，你願意為了保持夢想付出什麼代價？

觀察結果 你對於自己和個人夢想有什麼新的體會，得出了什麼結論？請寫下來。

制定路線 想一想下一階段的策略、所需的人才和成本，制定一個付出代價的行動計畫。同時，安排時間和流程，以便你可以為後續階段或目標重複這個過程。

毅力問題：我距離夢想越來越近了嗎？

美國前總統卡爾文·柯立芝（Calvin Coolidge）曾強調：「世界上沒有什麼能夠取代堅持不懈。天賦不能，有天賦但不成功的人比比皆是；天才不能，誰都認識一兩個懷才不遇的天才；教育不能，世界充斥受過教育卻無所作為的人。唯有堅持和決心才是無所不能。『堅持不懈』的口號解決了人類的問題，過去如此，未來亦然。」

你有像美國第三十任總統描述的這種心態嗎？你有堅持不懈的毅力嗎？我希望你有，因為如果你缺乏毅力，你為實現夢想所做的一切努力可能都會付諸東流。不要因為缺乏追求目標的意志而落入夢想落空的境地。盡你所能，堅持下去。

目前位置 如果你在閱讀本書之前已經參加過夢想測驗，你在毅力問題的分數可能已經提升。在查看你的分數之前，回到第 234 頁重新測驗。

統計你目前的分數，並與之前的分數比較。如果你的分數提高，那麼你已經成長了，恭喜你！針對問題C：「我每天都會付出一些努力，哪怕是微不足道的小事，以朝著我的夢想前進」，特別注意是否有改善。如果你的分數不是2，你可能已經在思索和了解你的夢想，但還沒有付出足夠的努力。

考察現狀 如果你沒有像你應該或希望的那樣採取行動，以更接近實現你的夢想，就要找出原因。花些時間思考你能想到的一切可能原因，為什麼聲稱這個夢想對自己很重要卻不行動？將這些原因寫下來。

尋求指引方向 你認識的人當中最有毅力的人是誰？他們拒絕放棄任何對自己來說重要的事，克服了不可思議的困難。想出二到四位最能展現這種特質的人，請教他們如何完成任務及其內心強烈的熱情。想好一兩個問題與他們討論，做筆記並提出後續問題。

豐富夢想地圖 閱讀幾本關於克服極大困難、實現重大夢想的人物傳記，記錄下你的想法或重要的觀察結果。

記錄 在接下來的幾天或幾星期，認真思考毅力問題，反思和記錄時務必回答以下問題：

- 你天生是行動派還是思考者？（提示：如果你覺得途徑問題非常容易，你可能更像是個思考者。）
- 如果你傾向於思考，你可以採取什麼行動讓自己更積極一點？
- 渴望完美是否曾經阻礙你採取行動？
- 如果是，你可以採取哪些措施來克服這種障礙？
- 你每天可以採取什麼行動，使自己保持更積極主動的心態？
- 你的生活中是否有主動的人，你可以與他們合作完成更多任務？
- 對你來說，哪一種更有吸引力：採取一個大膽的行動讓你邁出重要的一步，還是每天許多小小的行動逐步實現目標？
- 你如何能夠利用這一點？
- 你夢想中的哪一個方面真正激發了你的熱情？
- 你如何利用這種熱情，讓自己更加堅持不懈？

觀察結果 透過記錄，你對於自己、個人夢想和毅力問題有什麼新的體會？

制定路線 花一些時間為自己寫一份堅持不懈的宣言，張貼在每天都會看得到的地方，然後下定決心每天做一些事情，無論多小，好讓你更接近實現夢想。

滿足問題：為夢想努力是否帶來滿足感？

追求一個讓你在過程中感到痛苦的夢想值得嗎？我認為並不值得，我堅信目標和滿足感是相輔相成的。你天生注定的使命、能帶給你滿足感的事情和你的夢想，應該都是一致的。如果不一致，那麼在逐夢過程中你可能忽略了某些重要的因素。

這裡旨在確認你是否真的在追求正確的夢想。如果最終你得出的結論是你在追求這個夢想的期間並未獲得滿足感，你就需要鼓起勇氣重新開始整個過程，從歸屬問題開始，這會比多花一天去追求錯誤的夢想明智得多！

目前位置 在你的夢想測驗中，滿足問題的得分是多少？如果得分是9或10，請翻頁。如果不是，請立刻重新參加下列稍作修改的測驗版本，以查看你在前面篇章付出的努力和觀念調整是否改變了你的分數。（評分方式：0＝否、1＝有點、2＝是）

A 我願意為了實現夢想而放棄我的理想主義。

B　我理解追求任何重要夢想都得面臨困難的學習曲線，而我已經準備好面對這個挑戰。

C　我願意努力數年甚至數十年，以求實現我的夢想，因為這對我來說非常重要。

D　在追求夢想的路上，我願意以發掘自我為目標，因為我知道這將幫助我堅持下去。

E　我非常享受追求夢想的過程，即使失敗了，我也會覺得這一切都很值得。

你的兩個分數有何不同？（這個版本中，問題B和D的陳述表明「願意」透過成長來獲得滿足感；在一開始版本中，表明想「主動」從成長中獲得滿足感）。如果有分數上的差異，這對你的自我了解有什麼啟示？記錄下你的觀察結果。

考察現狀　列出生活中能帶給你最大滿足感的事。完成這個清單後，思考如何將這些最喜愛的活動與追求夢想聯繫起來。

尋求指引方向　與一位你敬佩的、對自己的工作似乎非常滿足的成功人士約時間見面，想好問題，向對方請教關於個人工作的滿足程度，以及他如何因應職業生涯中未帶來滿足感的情況。寫下你的問題並做筆記。

豐富夢想地圖　得到滿足感只是因為追求了正確的夢想嗎？還是大部分取決於夢想追求者的心態？花些時間思考個人態度在滿足感中扮演的角色，評估自己的態度，並寫下一些能具體改善態度的方法，使追求夢想的過程更愉快。

記錄　在接下來的幾天或幾星期，認真思考滿足問題，反思和記錄時務必回答以下問題：

- 對你來說，追求的過程、達成的目標，哪個比較重要？
- 你對於實現夢想可能需要的時間長短，抱持什麼態度？
- 從夢想誕生到達成夢想的這段期間，你可以做哪些事情讓自己感到滿足？
- 在追求夢想的過程中，你的個人成長對於滿足感發揮什麼作用？
- 如果個人成長應該發揮更大的作用，你需要在生活中做出哪些改變？
- 在追求夢想的過程中，是否也讓你發現並實現其他小的夢想呢？
- 你會怎樣慶祝你一路走來取得的進展？
- 失敗在追求成功的過程中有何影響？
- 你如何處理自己的錯誤和缺點？
- 你以前是否過於理想主義？
- 如果是，你可以調整心態來幫助自己嗎？

觀察結果 透過記錄，你對於自己和個人夢想有什麼新的體會？

制定路線 再次評估你對於追求個人夢想的滿足程度，如果還是不足以支持你長期堅持下去，與身邊三位親近的人談談這個問題，請他們幫助你看看問題是否屬於以下的情況之一：

- 錯誤的夢想
- 態度問題

• 不切實際的期望
• 情感不成熟
• 違反你的價值觀

然後請他們幫助你制定一個解決該問題的行動計畫。寫下這個行動計畫。

意義問題：我的夢想能否造福他人？

如果一個人的夢想除了他自己之外對任何人都沒有好處，還會是一個值得努力追求的夢想嗎？最終，我相信答案是否定的。要有一個值得奉獻終生的夢想，你對於意義問題的回答必須是肯定的。

在最後這一部分，你將被要求思考你的夢想對他人的影響。我相信幾乎每個夢想都有擴展的潛力，進而造福他人，你的任務在於想辦法做到這一點。

目前位置 在你的夢想測驗中，意義問題的得分是多少？這個數字（滿分10分）代表你目前的夢想價值。你對這個分數有什麼想法？花一些時間反思並寫下這對你的意義，做為你的起點。

考察現狀 你在定義你的夢想並寫下時，有多少重點是放在造福他人？你著重在個人的成就和成功嗎？還是其中主要包含服務他人？誠實地進行評估，記錄下你的觀察結果。

尋求指引方向 針對意義問題進行最後一次訪談，與一位你認識的、為他人帶來最大價值或做出最顯著貢獻的人約時間訪談，了解是什麼促使對方開始幫助他人，探索這與他的夢想有什麼關聯，請教對方迄今最重要的成就是什麼，發掘對方堅持下去的動力又是什麼。在見面前先寫下你的問題，並做筆記。

豐富夢想地圖 想像你在觀看自己的葬禮，聆聽自己的追悼詞，你希望別人對你有什麼評價？想像自己過上最大膽、最有意義、最豐富多彩的人生，寫下那篇追悼詞。

記錄 在接下來的幾天或幾星期，認真思考夢想意義問題，反思和記錄時務必回答以下問題：

- 你為什麼想實現這個夢想？
- 你的夢想是否反映了你對生存、成功或人生價值的渴望？
- 實現你的夢想會為他人帶來直接的好處嗎？如果是，是什麼好處呢？
- 追求你的夢想是否會使幫助你實現的人受益？如果是，有什麼益處呢？
- 你該如何調整或擴展你的夢想，使其明顯造福他人，而不僅只是對自己有益？
- 你的夢想實現後，在未來五年、十年或五十年後會帶來什麼影響？
- 你如何讓自己的夢想產生更長久的影響力？
- 如何使你的夢想成為超越個人利益的志業？

• 如果你無法實現自己的夢想，對別人會有什麼影響？

觀察結果 透過記錄，你對於自己、個人夢想和意義問題有什麼新的體會？

制定路線 再次描述你的夢想，特別著重那些與你一起努力實現的人或夢想的直接受益者產生的積極影響。

結語

我衷心祈禱〈我的夢想地圖〉已經幫助你更深入地反思、發掘和評估自己的夢想，或許比你獨自發想更有成效。我相信你現在可以對這十個夢想問題都給出堅決肯定的回答。

我希望這個過程對你有所裨益。然而，我還想提醒你一件事，你的夢想還沒完成。雖然你現在可能對自己的夢想有所掌握，雖然你的整體路線可能已經確定，但你不該期望你的夢想保持不變。當你學習、成長和改變時，你的夢想也會隨之變化。隨著個人夢想的發展不斷記錄，我建議你隨身攜帶這本書，在追求夢想的過程中時時當作參考。

願上帝保佑你，願你的夢想造福他人。

附註

前言 你的夢想是什麼

1 Gary Hamel and C. K. Prahalad, *Competing for the Future* (Cambridge, MA: Harvard Business School Press, 1996), 55–56.
2 Mark Twain, *Following the Equator* (Hartford, CT: The American Publishing Company, 1897).
3 原文引述自布魯斯・洛克比，經同意引用。
4 Kenneth Hildebrand, *Achieving Real Happiness* (New York: Harper & Brothers, 1955).
5 Karen Lynn Eve Greno-Malsch, "Children's Use of Interpersonal Negotiation Strategies as a Function of Their Level of Self-worth" (PhD diss., University of Wisconsin, Milwaukee, 1998).
6 Max Lucado, *The Applause of Heaven* (Nashville: Word Publishing, a division of Thomas Nelson, 1999), 175.
7 Howard Schultz, *Pour Your Heart Into It: How Starbucks Built a Company One Cup at a Time* (New York: Hyperion Books, 1999).

01 歸屬問題

1 Cecil G. Osborne, *The Art of Understanding Yourself* (Grand Rapids, MI: Zondervan, 1987).
2 Arnold Schwarzenegger and Douglas Kent Hall, *Arnold: The Education of a Bodybuilder* (New York: Simon and Schuster Paperbacks, 1977), 14.
3 Laurence Leamer, *Fantastic: The Life of Arnold Schwarzenegger* (New York: St. Martin's, 2005), 25.
4 Schwarzenegger and Hall, *Arnold,* 33.
5 同上，16–17.
6 同上，81–82.
7 Leamer, *Fantastic,* 66.
8 Arnold Schwarzenegger," Box Office Mojo, http://www.boxofficemojo.com/people/chart/?id=arnoldschwarzenegger.htm (accessed January 4, 2008).
9 Mark Matthews, "Gov. Schwarzenegger's Tax Returns Released," April 15, 2006, http://abclocal.go.com/kgo/story?section=politics&id=4085877 (accessed January 4, 2008).

10 Schwarzenegger and Hall, *Arnold*, 31.

11 Joseph Brodsky, The Nobel Prize in Literature 1987, Nobel Lecture 8 December 1987. http://nobelprize.org/nobel_prizes/literature/laureates/1987/brodsky-lecture-e.html (accessed 10 Octoboer 2008)

12 Rodney Dangerfield, *It's Not Easy Bein' Me* (New York: HarperCollins, 2004), p. xi.

13 拉勒比博士讓艾姬拉從牆上牌匾讀到的引文摘錄自 *A Return To Love: Reflections on the Principles of a Course in Miracles* by Marianne Williamson (New York: HarperCollins, 1996).

14 《拼出新世界》的編劇和導演是 Doug Atchison. © 2006 Spelling Bee Productions, Inc./ Lions Gate Films.

15 Don Freeman, "Irving Berlin Brought Us Blue Skies for 8 Decades," *The San Diego Union* 22 May 2004.

16 Po Bronson, *What Should I Do with My Life* (New York: Ballantine Books, a division of Random House, 2005).

17 Commencement Remarks MIT Graduation by Carelton "Carly" Fiorina, 2 June 2000.

18 *Webster's New World Dictionary of American English, Third College Edition* (Cleveland: Webster's New World, 1991).

19 Anna Quindlen's Commencement Speech, Mount Holyoke College, 23 May 1999. www.mtholyoke.edu/offices/comm/oped/Quindlen.shtml (accessed 14 August 2008.

20 Robert Kriegel and Louis Patler, *If IT Ain't Broke… Break It!* (New York: Warner Books, 1992).

02 | 清晰問題

1 Joseph McBride, *Steven Spielberg: A Biography* (Cambridge MA: Da Capo Press, a division of Perseus, 1999), 13.

2 *Mental Floss,* March-April 2007, 45.

3 "Diamond Jewelry: Famous Diamonds: The Star of South Africa," http://www.adiamondisforever.com/jewelry/famous_starsa.html (accessed January 24, 2008).

4 "De Beers History," http://www.debeersgroup.com/debeersweb/About+De+Beers/De+Beers+History/ (accessed January 24, 2008).

03 | 現實問題

1 John Wooden and Steve Jamison, *The Essential Wooden* (Columbus, OH: McGraw-Hill, 2006), 24.

2 Catherine Ahles, "The Dynamics of Discovery: Creating Your Own Opportunities," Delivered to Phi Theta Kappa, Macomb Community College, Center Campus, Warren, Michigan, December 11, 1992. http:// scilib.univ.kiev.ua/doc.php?7198252 (accessed 15 October 2008).

3 Jack Canfield and Gay Hendricks with Carol Kline, *You've Got to Read This Book!,* Kindle Edition (New York: HarperCollins e-books, 2006), 1642–52.

4 “Timeline,” http://www.drfarrahgray.com/timeline.html (accessed January 31, 2008).
5 “Michael Jordan: The Stats,” http://www.infoplease.com/ipsa/A0779388. html (accessed February 25, 2008).
6 Robert Ringer, *Million Dollar Habits* (New York: Fawcett, 1990).

04 | 熱情問題

1 William Arthur Ward, “Believe While Others Are Doubting.” Used by permission. All rights reserved.
2 Richard Edler, *If I Knew Then What I Know Now CEOs and Other Smart Executives Share Wisdom They Wish They'd Been Told 25 Years Ago.* (New York: G.P. Putnam's Sons, 1996).
3 Logan Pearsall Smith, *Afterthoughts* (London: Constable, 1931).
4 Michael John Simmons, *Taylor Guitars: 30 Years of a New American Classic* (Bergkirchen, Germany: PPV Medien, 2003), 13.
5 同上，33.
6 同上，36.
7 同上，56.
8 同上，58.
9 同上，138.
10 同上，154.
11 同上，191.
12 同上，21.
13 James Kouzes and Barry Posner, *The Leadership Challenge* (Hoboken, NJ: Jossey-Bass, a division of Wiley & Sons, 2002).
14 Simmons, 33.

05 | 途徑問題

1 “Lab Overview,” Media Lab, http://www.media.mit.edu/?page_id=13 (accessed February 12, 2008).
2 “About Nicholas Negroponte, the Author of Being Digital,” http://archives.obs-us.com/obs/english/books/nn/nnbio.htm (accessed February 12, 2008).
3 “Mission: Provide Children Around the World with New Opportunities to Explore,” http://www.laptop.org/en/vision/mission/index.shtml (accessed February 7, 2008).
4 Peter Apps, “World's Poorest Don't Want ‘$100 Laptop’—Intel,” http://web.archive.org/web/20051212065117/http://www.alertnet.org/thenews/newsdesk/SP263515.htm, December 9, 2005 (accessed February 11, 2008).

5 "Nicholas Negroponte: The Vision Behind One Laptop Per Child," speech delivered at TED, February 2006, http://www.ted.com/index.php/talks/view/id/41 (accessed February 12, 2008).

6 Wade Roush, "Nicholas Negroponte: The Interview," *Xconomy*, January 28, 2008, http://www.xconomy.com/2008/01/28/nicholas-negroponte-the-interview/ (accessed February 7, 2008).

7 Robert Buderi, "The Little Laptop That Could . . . One Way or Another," Xconomy, November 26, 2007, http://www.xconomy.com/2007/11/26/the-little-laptop-that-couldone-way-or-another/2/ (accessed February 11, 2008).

8 Hiawatha Bray, "One Laptop Per Child Orders Surge," *Boston Globe,* December 1, 2007, http://www.boston.com/business/globe/articles/2007/12/01/one_laptop_per_child_orders_surge/ (accessed February 13, 2008).

9 Obtained from ThinkTQ.com; more recent statistical findings posted at http://www.thinktq.com/training/articles/tqs_article.cfm?id=1364A81D073DBABF7C59DCFA476B864B

10 喬治・盧卡斯專訪 Academy of Achievement, 19 June 1999. www.achievement.org/autodoc/page/luc0int-1 (accessed 15 August 2008).

11 Commencement Address by Christopher Matthews, May 16, 2004. www.hws.edu/news/transcripts/matthewscomm2004.aspx (accessed 15 August 2008).

12 Peter F. Drucker, *Management: Tasks, Responsibilities, Practices* (Piscataway, NJ: Transaction Publishers, 2008), 123–25.

13 Sam Walton and John Huey, *Made in America: My Story* (New York: Doubleday, 1992), 90.

14 Proverbs 27:12 (The Living Bible).

15 Wesley K. Clark, *Waging Modern War* (New York: PublicAffairs, a division of Perseus, 2001).

06 人員問題

1 Stephen R Covey, Roger Merrill, and Rebecca Merrill, *First Things First* (New York: Simon & Schuster, 1994).

2 Roger B. Stein, *John Ruskin and Aesthetic Thought in America,* 1840-1900 (Cambridge, MA: 1967).

3 Studs Terkel, *Working* (New York: Simon & Schuster, 1974), xxiv.

4 John Wooden, Steve Jamison, *The Essential Wooden: A Lifetime of Lessons on Leaders and Leadership* (Columbus, OH: McGraw-Hill Professional, 2007), 143.

5 一九四〇年六月十八日，邱吉爾首次在英國議會下議院發表「這是他們最輝煌的時刻」（This was their finest hour）演說。

07 代價問題

1 Kevin Myers, 12Stone™ Church. Used by permission. All rights reserved.

2 同上

3 "The Importance of Starting Early," Investment Company Institute, http:// www.ici.org/i4s/bro_i4s_early.html (accessed March 7, 2008). 這個例子假設每年的回報率為七%，並忽略了稅收和通膨的影響。

4 Max Lucado, *He Still Moves Stones* (Nashville: W Publishing Group, 1999), 158.

5 *Houston Chronicle,* May 3, 1996, 2D.

6 Jack Canfield, *The Success Principles: How to Get from Where You Are to Where You Want to Be* (New York: Collins Living, a division of HarperCollins, 2004).

7 Commencement Address by David Mamet, University of Vermont, May 2004. www.uvm.edu/~cmncmnt/commencement2004/?Page=mamet_commencementspeech04.html (accessed August 21, 2008).

8 Michael Ignatieff, Whitman Commencement Address 2004: "Living Fearlessly in a Fearful World." www.whitman.edu/content/news/LivingFearlesslyinaFearfulWorld (accessed 21 August 2008).

9 William Arthur Ward, "I Will Do More." Used by permission. All rights reserved.

10 "About Terry Fox," Terry Fox Run, http://www.terryfoxrun.org/english/about%20terry%20fox/default.asp?s=1 (accessed March 11, 2008).

11 "Top Ten Greatest Canadians: Terry Fox," the Greatest Canadian, http://www.cbc.ca/greatest/top_ten/nominee/fox-terry.html (accessed March 11, 2008).

12 同上

13 同上

14 "About Terry Fox," Terry Fox Run.

08 | 毅力問題

1 Elizabeth Keckley, *Behind the Scenes: Or, Thirty Years a Slave, and Four Years in the White House* (New York: Penguin, 2005), 11–12.

2 Jennifer Fleischner, *Mrs. Lincoln and Mrs. Keckly: The Remarkable Story of the Friendship Between a First Lady and a Former Slave* (New York: Broadway, 2004), 124.

3 同上

4 Keckley, *Behind the Scenes,* 20.

5 同上

6 同上，21.

7 同上，24.

8 同上，34.

9 同上，83.
10 Fleischner, *Lincoln and Keckly,* 294.
11 同上，297.
12 Jennifer Minar, "Oprah Pick Author Tawni O'Dell on Writing & the Importance of Perseverence," *Writer's Break,* 2003. www.writersbreak.com/interview_tawniodell.htm (accessed 21 August 2008).
13 Jack Canfield with Janet Switzer, *The Success Principles: How to Get from Where You Are to Where You Want to Be* (Collins Living, 2006), 104–105.
14 Jonas Salk Interview, "The Calling to Find a Cure," *Academy of Achievement,* 16 May 1991. www.achievement.org/autodoc/page/sal0int-1 (accessed 21 August 2008).
15 George Sweeting, *Great Quotes and Illustrations* (Waco: Word, 1985).
16 Canfield, *The Success Principles,* 178–179.
17 "The History of Chicken Soup for the Soul," http://www.chickensoup.com/cs.asp?cid=about (accessed March 17, 2008).

09 | 滿足問題

1 Henry David Thoreau, *Walden, or Life in the Woods* (New York: Houghton Mifflin, 1949), xi.
2 Seth Godin, *The Dip,* Kindle Edition (New York: Penguin, 2007), 787–91.
3 "Forbes' List of the World's Richest Billionaires," March 8, 2007, http://www.usatoday.com/money/2007-03-08-forbes-billionaire-list_N.htm (accessed March 18, 2008).
4 Patrick James, "GOOD Q&A: Jacqueline Novogratz," November 27, 2007, http://www.goodmagazine.com/blog/acumen (accessed March 17, 2008).
5 同上
6 Anne Field, "Investor in the World's Poor," Stanford Graduate School of Business, May 2007, http://www.gsb.stanford.edu/news/bmag/sbsm0705/feature_novogratz.html (accessed March 17, 2008).
7 Jacqueline Novogratz, "Tackling Poverty with 'Patient Capital,'" June 2007, http://www.ted.com/talks/view/id/157 (accessed March 18, 2008).
8 *The Next Garde,* video, http://www.sundancechannel.com/nextgarde/ (accessed March 18, 2008).
9 "About Us," Acumen Fund, http://www.acumenfund.org/about-us.html (accessed March 17, 2008).
10 "Acumen Fund Honored with Social Capitalist Award by Fast Company & Monitor Group," PR Web Press Release Newswire, http://www.prweb.com/releases/2007/12/prweb573845.htm (accessed March 17, 2008).

11 *The Next Garde.*

12 Dan Sullivan, "The Gap," audio message. (The strategic coach, inc., 2000)

13 John Steinbeck, *Journal of a Novel:* The East of Eden *Letters* (London: Penguin, 2001), 74–75.

14 John Wooden and Steve Jamison, *The Essential Wooden: A Lifetime of Lessons on Leaders and Leadership* (New York: McGraw-Hill, 2007), 184–85.

15 Nelson Mandela, *The Long Walk to Freedom* (New York: Holt Rinehart & Winston, 2000).

10 | 意義問題

1 Bob Buford, *Halftime: Changing Your Game Plan from Success to Significance* (Grand Rapids: Zondervan, 1997).

2 Eric Metaxas, *Amazing Grace: William Wilberforce and the Heroic Campaign to End Slavery* (New York: Harper One, 2007), 28.

3 同上，42.

4 John Piper, *Amazing Grace in the Life of William Wilberforce* (Wheaton, Ill.: Crossway, 2006), 10.

5 Metaxas, *Amazing Grace,* 49.

6 同上，133.

7 "Wilberforce and Wesley," Religion and Ethics: Christianity, http://www.bbc.co.uk/religion/religions/christianity/people/williamwilberforce_7.shtml (accessed March 21, 2008).

8 Metaxas, *Amazing Grace,* xvi.

9 同上，xvii.

10 Brian Kolodiejchuk, *Mother Teresa—Come Be My Light: The Private Writings of the Saint of Calcutta* (New York: Doubleday, 2007).

11 Nelson Mandela, *The Long Walk to Freedom* (New York: Little, Brown & Co., 1994).

12 Bob Buford, *Halftime: Changing Your Game Plan from Success to Significance* (Grand Rapids: Zondervan, 1997).

找對夢想［全球暢銷經典］

作者	約翰・麥斯威爾 John C. Maxwell
譯者	何玉方
商周集團執行長	郭奕伶
商業周刊出版部	
總監	林雲
責任編輯	黃郡怡
封面設計	copy
內文排版	洪玉玲
出版發行	城邦文化事業股份有限公司 商業周刊
地址	115 台北市南港區昆陽街 16 號 6 樓 電話：(02)2505-6789　傳真：(02)2503-6399
讀者服務專線	(02)2510-8888
商周集團網站服務信箱	mailbox@bwnet.com.tw
劃撥帳號	50003033
戶名	英屬蓋曼群島商家庭傳媒股份有限公司城邦分公司
網站	www.businessweekly.com.tw
香港發行所	城邦（香港）出版集團有限公司 香港灣仔駱克道 193 號東超商業中心 1 樓 電話：(852) 2508-6231　傳真：(852) 2578-9337 E-mail：hkcite@biznetvigator.com
製版印刷	中原造像股份有限公司
總經銷	聯合發行股份有限公司 電話：(02) 2917-8022
初版 1 刷	2024 年 3 月
定價	380 元
ISBN	978-626-7366-74-5（平裝）
EISBN	9786267366721（EPUB）／ 9786267366738（PDF）

Put Your Dream to the Test: 10 Questions to Help You See It and Seize It
by John C. Maxwell

國家圖書館出版品預行編目(CIP)資料

找對夢想〔全球暢銷經典〕/約翰.麥斯威爾(John C. Maxwell)著 ; 何玉方譯.
-- 初版. -- 臺北市 : 城邦文化事業股份有限公司商業周刊, 2024.03
272面 ; 14.8×21公分
譯自 : Put your dream to the test : 10 questions to help you see it and seize it
ISBN 978-626-7366-74-5(平裝)

1.CST: 成功法 2.CST: 自我實現 3.CST: 生活指導

177.2　　113002341

藍學堂

學習・奇趣・輕鬆讀